Über dieses Buch Kinder leben ganzheitlich. Das ist ihre Schwäche und ihre Stärke zugleich. Einerseits fehlt es ihnen noch an Unterscheidungs- und Urteilsvermögen, andererseits sind sie grenzenlos in ihrer Phantasie. Sie sind originell und schöpferisch. Sie gehen »eigensinnig« mit Dingen und Worten um. Anders als bei Erwachsenen, deren Sicht-, Denk- und Verhaltensweisen weitgehend »rationalisiert« und eingefahren sind, enthalten die »Weltanschauungen« der Kinder Gesichter, Gestalten und Benennungen, die wir uns nur selten träumen lassen.
Ein fünfjähriges Mädchen sagt z. B. zu ihrer Mutter in der Dämmerung bei Nebel: »Mutti, ich kann nichts sehen, es ist ja alles wie geflüstert.« Oder ein fünfjähriger Junge malt eine schwarze Sonne mit schwarzen Strahlen, »weil sie schläft«.
Meist reagiert man als Erwachsener auf derartige Äußerungen eher belustigt und ein wenig herablassend, als sie als eine Bereicherung, ein Korrektiv der eigenen Weltsicht zu betrachten. Das zu tun, dazu will dieser Band anregen, der eine Fülle von Aussagen und Zeichnungen von Kindern enthält, die uns den Phantasiereichtum der kindlichen Welt erschließen.

Der Autor Martin Doehlemann, geb. 1941, Studium der Soziologie und Germanistik, ist Professor an der Fachhochschule Münster.

Martin Doehlemann

Die Phantasie der Kinder und was Erwachsene daraus lernen können

Fischer
Taschenbuch
Verlag

Lektorat: Heide Kobert

Originalausgabe
Veröffentlicht im Fischer Taschenbuch Verlag GmbH,
Frankfurt am Main, September 1985

Umschlaggestaltung: Jan Buchholz/Reni Hinsch
Satz: Fotosatz Otto Gutfreund, Darmstadt
Druck und Bindung: Clausen & Bosse, Leck
Printed in Germany
1280-ISBN-3-596-23362-3

Inhalt

Einführung

Haben Kinder Eigenschaften und Fähigkeiten, die wir Erwachsenen oft nicht mehr haben, die wir aber bräuchten, um ganz Mensch sein zu können? Lohnt es sich also für Erwachsene, Kindern zuzuhören, zuzusehen, mit ihnen zu spielen und zu arbeiten? Können Kinder uns mit dem, was sie sagen und tun, zu neuen Gedanken anregen, zu ungewöhnlichen Erlebnissen verhelfen?
In diesem Buch sind vielfältige Lebensäußerungen von Kindern zusammengetragen – Materialien, die eine Beantwortung dieser Fragen erlauben. Vorher aber sollten wir uns Klarheit verschaffen über das Bild, das wir uns mehr oder minder deutlich vom Kinde und seiner Natur machen. Dieses Bild beeinflußt unsere Grundhaltung gegenüber Kindern. Es entscheidet mit darüber, von welchen Motiven unser Zusammensein mit Kindern geprägt ist: vorrangig von Motiven der Erziehung und Belehrung oder vorrangig von Motiven voraussetzungslosen Zuhörens.

Das Bild vom Kind: Mängelwesen oder Wunderwesen

Seit Jahrhunderten gibt es gegensätzliche Ansichten über die Natur des Kindes und seinen Werdegang. Um nur zwei Extreme zu nennen: Auf der einen Seite heißt es, daß Kinder ziemlich rohe, gottferne Barbaren seien, deren eigentliche Vermenschlichung noch bevorstehe und durch konsequente Erziehung vorangetrieben werden müsse.
Auf der anderen Seite gibt es die Vorstellung, daß das Kind ein wundersames, fast göttliches Wesen sei, dessen Hineinwachsen in die Erwachsenenwelt mit einer Verarmung und einem Verlust von reiner Menschlichkeit einhergehe.
Der Streit der Theologen, ob Kinder kleine, nur durch strenge Zucht bekehrbare Teufel seien oder aber kleine, unschuldige Engel, die beim Heranwachsen meist verdorben werden, scheint heute abgeklungen zu sein. Die Fragestellung ist heute weltlicher: Sind Kinder noch »halbe«,

zweitrangige Wesen oder in ihrer Art schon »ganze«, vollwertige Menschen?
Ein entschiedener Vertreter der ersten Ansicht ist zum Beispiel der belgische Zeitkritiker Robert Poulet (1982):

»Geben wir zu, daß sich das Geschlecht der Kinder genauso vom Menschengeschlecht unterscheidet wie Larven von ausgewachsenen Insekten. Wenig Bewußtsein und wenig Kraft.« (S. 11) Es ist »aus sogenannten originellen Kindern und Halbwüchsigen nichts herauszuholen, von ihnen ist nichts zu erhoffen, weil sie ja noch kaum Lebewesen sind«. (S. 16) Kinder, heißt es an anderer Stelle, sind »unbehauene Marmorblöcke«. (S. 93)

Das ist überspitzt ausgedrückt, aber sicherlich von vielen, insbesondere von Lehrern, nachzuempfinden. Der Schriftsteller Karl Heinz Kramberg meint (1981, S. 12):

»Wir kommen als kleine Ungetüme zur Welt, dafür können wir nichts, werden gräßlicher von Stunde zu Stunde, dafür können wir auch nichts. Aber wir sind belehrbar.«

Belehrung und Erziehung: All diejenigen, für die Kinder die Prinzipien der Unordnung und Mangelhaftigkeit verkörpern, werden mit ihnen wohl nur eine pädagogisch zielgerichtete Beziehung aus Betreuung und Anleitung pflegen wollen. Ein nicht-erzieherischer, unmittelbarer Umgang ist in dieser Sichtweise nicht nur unverantwortlich, sondern auch verlorene Zeit für beide Seiten.

Anders ist es, wenn man in Kindern grundsätzlich erst einmal interessante Menschen, eigensinnige Gesprächspartner, anregende Lebensgefährten oder, philosophisch betrachtet, die Vergegenwärtigung eines unerfüllbaren und dennoch gültigen Ideals menschlicher Bestimmung sieht. Für Friedrich Schiller ist das Kind die Vergegenwärtigung der »Natur«, die »wir waren« und die wir, auf dem Wege der Vernunft und der Freiheit, »wieder werden sollen«. In der Schrift »Über naive und sentimentalische Dichtung« (1795/96) heißt es:

»In dem Kinde ist die *Anlage* und *Bestimmung*, in uns ist die *Erfüllung* dargestellt, welche immer unendlich weit hinter jener zurückbleibt. Das Kind ist uns daher eine Vergegenwärtigung des Ideals, nicht zwar des erfüllten, aber des aufgegebenen, und es ist also keineswegs die Vorstellung seiner Bedürftigkeit und Schranken, es ist ganz im Gegenteil die Vorstellung seiner reinen und freien Kraft, seiner Integrität, seiner Unendlichkeit, was uns rührt.«

Johann Wolfgang von Goethe, der als 30jähriger in einem Brief erwähnt, daß der Umgang mit Kindern ihn »froh und jung« mache, schreibt in »Dichtung und Wahrheit« (1811):

»Wüchsen die Kinder in der Art fort, wie sie sich andeuten, so hätten wir lauter Genies.«

Im Kern sind demnach Kinder »Genies«, wenngleich im Erwachsenenalter meist kaum noch eine Spur davon zu finden ist. Eine innere Verwandtschaft von Kindern und (vor allem künstlerischen und philosophischen) Genies wurde ab dem Ende des 18. Jahrhunderts immer wieder behauptet, zum Beispiel von den Dichtern Novalis (1772 bis 1801), William Wordsworth (1770–1850) oder Charles Baudelaire (1821–1867). Der Philosoph Arthur Schopenhauer (1788–1860) meint:

»Jedes Kind ist gewissermaßen ein Genie und jedes Genie gewissermaßen ein Kind.«

Der zweite Teil des Satzes ist bis heute Gegenstand wissenschaftlicher Forschung: Hier wird nach Ausmaß und Bedeutung kindlicher Denk- und Fühlstrukturen bei hochgradig kreativen Erwachsenen gefragt, bei Künstlern, Forschern oder Erfindern.

Der erste Teil des Satzes scheint heute auch dann, wenn man das Wort »gewissermaßen« betont (»Quasi-Genie«, »Quasi-Künstler«, »Quasi-Philosoph«), nicht mehr auf sonderlich viel Aufmerksamkeit und Verständnis zu stoßen.

Sicherlich, die Kinder sind keine künstlerischen oder philosophischen Wunderwesen, deren Schöpferkraft ohne weiteres mit Genialität in Verbindung gebracht werden könnte. Aber es sind auch keine reinen Mängelwesen, die gegenüber uns scheinbar »fertigen« Erwachsenen einfach nur aufzuholen hätten. Es sind oft gerade die Mängel, die dem Kind zu seiner Kreativität verhelfen. Seine Fehler und Vorzüge gehen vielfach in eins.

Kinder gehen schon früh eigensinnig und eigenwillig mit

Dingen und Worten um. Die Ergebnisse wirken, falls man sie wahrnimmt, oft verblüffend, seltsam, spaßig oder »verrückt«. Kinder setzen die verschiedensten Gegenstände, Stoffe, Worte, Geräusche und Gerüche in sprunghafte Beziehungen zueinander, reißen offensichtlich Zusammengehöriges auseinander, zerstören Intaktes. Sie geben, wenn man ihnen zuhört, manchmal Wahrnehmungen und Erfahrungen wieder, die einem nüchternen Verstand sehr fern liegen.
Ja, wenn man ihnen zuhört! Die Mehrzahl der Erwachsenen bestreitet gar nicht, daß Kinder »irgendwie« kreativ, originell oder phantasiereich sind. Aber wenn man sie bittet, solche Äußerungen ihrer oder anderer Kinder zu benennen oder wiederzugeben, fällt ihnen meist kaum etwas ein (oder nur alte Witze vom kleinen Fritz). Wir Erwachsenen fühlen uns durch unerwartete, wunderliche Einfälle und Ansichten der Kinder oft nicht angesprochen, sondern nehmen solche Verlautbarungen vielleicht nur zum Anlaß, ihren Entwicklungs- und Leistungsstand zu prüfen. Wir schmunzeln zwar manchmal über köstliche und komische Sätze und Taten der Kinder, zollen auch etwas Anerkennung, tun das aber mit einer Spur von Herablassung: »Schön, aber richtig wäre...« Dann haben wir es schnell vergessen.
Sich als Erwachsener ohne pädagogische Absicht auf kindliche Kreativität einzulassen – ist das vielleicht nur eine Flucht aus der rauhen Erwachsenenwelt in ein ästhetisiertes Kinderreich, eine Flucht vor Konkurrenzkampf und vor sich selbst? Ich glaube nicht, daß die Aufmerksamkeit für schöpferische Lebensäußerungen von Kindern ein Ausdruck von Fluchtbedürfnis und Regression ist. Die Beschäftigung mit kindlicher Kreativität könnte von der Erkenntnis herrühren, daß man als Erwachsener leicht Gefahr läuft, zu vereinseitigen, ein eindimensionales »Punkt- und Ziffernwesen« (Herbert Marcuse) zu werden. Eine Auseinandersetzung mit der Kinderart kann zur Erweiterung und Abrundung der Lebensart von Erwachsenen beitragen.

Wo kommen die Materialien her?

Die Materialien stammen hauptsächlich von Kindern zwischen drei und zehn Jahren. Den Anstoß, eine Sammlung von bemerkenswerten Kinderäußerungen anzulegen, gaben meine beiden eigenen Kinder (geboren 1970 und 1972). Immer wieder verwundert über das, was da so gesagt, getan und gemalt wurde, führte ich über einige Jahre hin eine Art von Kindertagebuch. Ich versuchte andere Eltern zu animieren, Ähnliches zu tun, und gewöhnte mir an, auch bei fremden Kindern immer wieder mal genau hinzuhören und hinzusehen. So schnappte ich bei den Freunden meiner Kinder aus Kindergarten und Grundschule, aber auch ganz zufällig im Kaufhaus oder in der Bahn einiges auf, was mir wert schien, festgehalten zu werden.
Zusätzlich suchte ich Belege für kindliche Schöpferkraft in Büchern. Das war nicht ganz einfach (wenn ich einmal von Büchern über kindliches Zeichnen und Malen absehe). Denn gerade »seltsame« spontane Verlautbarungen und Taten von (gesunden) Kindern geraten nicht so leicht zwischen Buchdeckel oder in Zeitschriften – außer es läßt sich darüber lachen. Die kindliche Kreativität kommt aber meist unscheinbar und nicht zu jeder Gelegenheit daher. Sie läßt sich nicht beliebig hervorrufen, schon gar nicht in den Labors der modernen kinderpsychologischen Forschung.
Meine ursprüngliche Hoffnung, daß im Rahmen der ausgedehnten empirischen Forschungen der modernen Kinder- und Entwicklungspsychologie auch einige kreative Materialien von Kindern anfallen, hat sich nicht erfüllt. Hier wird kindliches Handeln meist tausendfach zerlegt, von Störfaktoren gereinigt und stückweise aufbereitet. Im dürren Rahmen von abhängigen und unabhängigen Variablen ist kein Platz für verquere spontane kindliche Äußerungen.
Fündig dagegen wurde ich bei den noch wenig spezialisierten Vorläufern und Begründern der Entwicklungspsychologie am Ende des letzten und im ersten Drittel unseres Jahrhunderts. Da registrierten einige Väter und Mütter unablässig die Regungen und Äußerungen ihrer eigenen Kinder, schauten ihnen aufs Maul und in die Augen und führten über Jahre hin ausführliche Kindertagebü-

cher. Klar, daß hier manche schöpferische Lebensäußerung von Kindern aufgehoben ist – im ganzheitlichen Kontext des Zusammenlebens eben nicht verlorengegangen, sondern mit Freude und Sinn für kleine »Poesie« und »Metaphysik« verzeichnet.

Man könnte einwenden, daß die Lebensbedingungen der Kinder um die Jahrhundertwende von ganz anderer Art waren als die der heutigen und somit die kindlich-kreativen Äußerungen nicht mehr vergleichbar seien. Aber weniger die Art als die Anlässe kindlicher Phantasietätigkeit und Kreativität haben sich geändert. Früher erlebten Kinder zum Beispiel auf der Straße häufig Pferde, heute erleben sie Autos. Damals war das Feuer in Herd, Ofen und Lampe oft ein Anlaß für kindliche Phantasietätigkeit. Heute ist das vielfach weggefallen. Dafür faszinieren heute Taschenlampen, Autoscheinwerfer oder etwa all die glänzenden Verpackungsmaterialien, die in unseren Mülltonnen landen. Inwieweit das Fernsehen die Denk- und Phantasietätigkeit des Kindes lähmt oder beflügelt, hängt von vielen Umständen ab und ist schwer zu entscheiden.

Um einige Beispiele dafür zu geben, wie verwandt Sicht- und Sprechweisen heutiger Kinder mit denen vor ungefähr hundert Jahren sind: Ein Lehrer namens Agathon Keber freut sich anno 1862 an der unbeabsichtigten Poesie der Kindersprache: Mangels richtiger Ausdrücke nennt ein kleines Kind zum Beispiel den Mohn auf dem Brot »unreifen Obstsand«, Holzspäne »holzige Locken« oder faßt den Umstand, daß es zu regnen aufgehört hat und die Steine allmählich trocken werden, in den Satz: »Es regnet trocken.« Vergleichbares, was die Gedanken- und Sprachtätigkeit angeht, hörte ich von meinen Kindern: Die Holunderfrucht wird gekennzeichnet als »Sonnenschirm aus schwarzen Perlen« (Steffi, 6 Jahre, 2 Monate) oder: »Wenn's regnet, wird der Wind naß« (Max, 2; 10) oder: »Wenn Wasser ganz alt wird, dann fließt es nimmer« (Max, 4; 5).

Der Engländer James Sully wurde vor knapp 100 Jahren von seinem 3¾jährigen Sohn gefragt: »Warum sehen wir mit zwei Augen nicht zwei Dinge?« Mich fragte mein 3¼jähriger Sohn: »Kann man mit dunklen Augen sehen?« Den genannten Herrn Sully bedrängte sein Sohn: »Wer hat den lieben Gott gemacht?« Ganz ähnlich stellen heutige

Kinder, wenn man sie läßt, die causa sui, also die nicht verursachte Ursache als letzten Urgrund aller Dinge in Frage: »Gott hat alles gemacht. Aber wer hat Gott gemacht?«
Einige Materialien entnahm ich, soweit sie mir glaubhaft zu sein schienen, diversen gedruckten oder auch im Freundeskreis erzählten Kindheitserinnerungen von Erwachsenen.
Die Sammlung wurde also aus unterschiedlichen Quellen gespeist. Ist sie repräsentativ für das, was man kindliche Kreativität und Phantasie nennen kann? Sicherlich nur begrenzt. Denn einerseits kann sie etwa das bildnerische Schaffen von Kindern kaum dokumentieren und gibt keinen Einblick in tänzerisch-pantomimische oder akustische Ausdrucksweisen. Andererseits ist der Begriff von Kreativität oder von »kindlicher Kultur«, welcher der Sammlung zugrunde liegt, subjektiv und sehr breit – offen vielleicht auch für vieles, was anderen schlicht belanglos oder einfach nur dumm erscheint.
Kommen auch Kinder aus den sogenannten unteren Schichten zu Wort? Ja, aber nicht in der Häufigkeit, die ihrem Anteil unter den Kindern entspräche. Das liegt daran, daß die Eltern, die über ihre Kinder Tagebuch führten, in der Regel Pädagogen oder Psychologen sind, und daß zu meinem näheren Umgang leider nur wenige Kinder aus diesen Schichten gehören.
Kinder aus unteren Schichten sind durchschnittlich nicht weniger kreativ als andere. Sie sind es vielleicht anders: eher gestalterisch als verbal. Die kindliche Kreativität ergibt sich aus den immer wieder neuen Versuchen, die Mangelhaftigkeit des kindlichen Wesens zu überwinden. Darin sind wohl alle Kinder gleich. Es gibt Eltern, die bei dieser Gelegenheit den Kindern über den Mund fahren, sie immer wieder verbessern oder mangels Zeit und Interesse nicht zuhören oder zusehen. Aber diese Eltern gibt es wohl gleichermaßen in allen gesellschaftlichen Schichten.

Die kindliche Kreativität und ihre Ausstrahlung

Die Überschriften der folgenden zehn Kapitel sind als Thesen formuliert. Die dazugehörigen Materialien sollen sie annäherungsweise belegen.

Kinder sind »ganze Menschen« und schaffen Gelegenheiten zur Erweiterung der erwachsenen Persönlichkeit

Diese erste These ist den anderen neun in einem gewissen Sinne übergeordnet. Es sollen kurz die Bedingungen kindlicher Erlebnisweisen angesprochen werden.
Inwiefern sind Kinder »ganze Menschen«? Friedrich Hölderlin idealisiert im »Hyperion« (1797) das Kind zu einem göttlich-ganzen Wesen:

»Ja! ein göttlich Wesen ist das Kind, solang es nicht in die Chamäleonsfarbe der Menschen getaucht ist. Es ist ganz, was es ist, und darum ist es so schön. Der Zwang des Gesetzes und des Schicksals betastet es nicht; im Kind ist Freiheit allein.
In ihm ist Frieden; es ist noch mit sich selber nicht zerfallen.
Reichtum ist in ihm; es kennt sein Herz, die Dürftigkeit des Lebens nicht. Es ist unsterblich, denn es weiß vom Tode nichts.
Aber das können die Menschen nicht leiden. Das Göttliche muß werden wie ihrer einer...«

Es klingt paradox: Das Kind ist gerade deshalb ein ganzes und hohes Wesen, weil ihm viel fehlt, weil es die Welt und sich selbst noch nicht kennt. Mangelhaftigkeit und Vortrefflichkeit scheinen sich geheimnisvoll zu verbinden.
Etwas profaner betrachtet sind Kinder »ganze« Menschen in zweierlei Hinsicht. *Zum einen* sind sie keine Viertel- oder Halbwesen, die über kontinuierliches Hinzufügen von Merkmalen zu Erwachsenen komplettiert würden. Sie sind zwar mängelbehaftete, aber – von Entwicklungsstadium zu Entwicklungsstadium – jeweils volle, reiche und immer wieder erneuerte Geschöpfe.

Zum anderen sind Kinder insofern ganze Menschen, als sie im Vergleich zu Erwachsenen noch ziemlich unspezialisiert sind. Beim Kinde sind die leiblichen und seelischen, die gefühlsmäßigen und geistigen Vorgänge noch weitgehend verschmolzen, noch wenig differenziert. Die verschiedenen Sinneswahrnehmungen sind stärker aneinander gekoppelt als bei Erwachsenen. Gefühlsbewegungen und Körperbewegungen schwingen ineinander.
Das Kind kann noch nicht genau unterscheiden zwischen der Subjektivität des Innenlebens und der Objektivität der äußeren Realität. Ganz aufgehend in den Augenblicken, ist für das kleine Kind das »real«, was intensiv erlebt wird, sei es Fiktives oder Wirkliches. Denken und Anschau-

Frau (Mädchen 6; 3)

ung, Wahrnehmung und Vorstellung, Wirklichkeit und Wunsch, Wahrheit und Lüge, Wachwelt und Traum sind noch nicht eindeutig voneinander gesondert. Sie trennen sich erst allmählich im Laufe einer komplizierten seelischen Entwicklung. Diese Entwicklung verläuft über viele Zwischenformen, die zwischen der völligen Vermengung von Schein und Sein und ihrer scharfen Unterscheidung liegen.
Die Welt ist für das Kind nicht aus objektiven, feststehenden Gegebenheiten aufgebaut, sondern wird von innen her, aus der kindlichen Affektivität heraus, gestaltet. Innenwelt und Außenwelt gehen ineinander über. So können Gedanken oder Träume als dinglich gegeben erlebt werden und leblose Dinge als ich-haltig, mit Willen ausgestattet und zum Handeln auffordernd.
Die Ganzheitlichkeit kindlichen Lebens ist Schwäche und Stärke zugleich, ein wunderliches, zauberhaftes Chaos. Die Befangenheit in wechselhaften Gefühlen ermöglicht die Unbefangenheit im Umgang mit »beseelten« Dingen. Die Begrenztheit von Wissen und Erfahrung ist der Rahmen für grenzenlose Phantasie. Die schillernd verschwommenen »Weltanschauungen« der Kinder enthalten Gesichter, Gestalten und Benennungen, die wir Erwachsenen uns nur selten träumen lassen.
Kinder sind also nicht schöpferisch kraft Könnens und Wollens, sondern sie sind es unbeabsichtigt und spielerisch planlos. Aus der Gunst des Augenblicks heraus bringen sie eine labile, stets vorläufige Ordnung in ihre Welt. Sie finden flüchtige, abgelegene Lösungen und künden von fremdartigen Erlebnisweisen. Kinder sind die kleinen Exoten im routinisierten Lebensalltag der Erwachsenen.
Der moderne Erwachsene ist meist hochgradig spezialisiert, und zwar nicht nur beruflich. Beim sinnlichen Wahrnehmen besteht häufig ein absoluter Vorrang des distanzierten Sehens vor anderen Sinnesempfindungen. »Gesichter« zu haben überläßt man Künstlern, Drogenkonsumenten oder Irren. Ein abstrahierendes Bewältigungsdenken hat im Erwachsenenleben Vorrang vor einem integrativen Vergegenwärtigungsdenken, das in einer ganzheitlichen Zusammenschau das Konkret-Besondere allseitig umfaßt.
Die durchschnittliche Erwachsenenwelt hat die Tendenz

zur Monokultur, also zum deutlichen Vorrang zwar effizienter, aber eindimensionaler Sicht-, Denk- und Verhaltensweisen. Hier könnte die kleine, eigenartige Kultur der Kinder als Korrektiv wirken.

Um einem Mißverständnis vorzubeugen: Hier wird nicht für eine allgemeine Verkindischung der Erwachsenen plädiert. Hier wird nicht einer neuen Naivität oder frischfröhlichen Infantilisierung das Wort geredet. Sondern es geht um eine ungezwungene Kenntnisnahme und (selbst-) kritische Verarbeitung seltsam anmutender kindlicher Lebensäußerungen. Nicht wie die Kinder zu werden ist erstrebenswert. Aber lohnend ist es, sich gelegentlich von ihnen in ferne Welten einladen zu lassen.

Wenn wir uns so von Kindern ansprechen lassen (und nicht gleich »pädagogisch« reagieren), kann das auf zweierlei Wegen geschehen: *zum einen* über das »Kind in uns«, das wir möglicherweise neu gewinnen. Erich Kästner sagt in seiner »Ansprache zu Schulbeginn«:

»Schaut, die meisten Menschen legen ihre Kindheit ab wie einen alten Hut. Sie vergessen sie wie eine Telefonnummer, die nicht mehr gilt. Ihr Leben kommt ihnen vor wie eine Dauerwurst, die sie allmählich aufessen, und was gegessen worden ist, existiert nicht mehr (...) Nun, die meisten leben so (...) Früher waren sie Kinder, dann wurden sie Erwachsene, aber was sind sie nun? Nur wer erwachsen wird und Kind bleibt, ist ein Mensch.«

Nach Friedrich Tomberg wäre es das Kennzeichen wie das Ergebnis einer humanen Gesellschaft, daß

»die Erwachsenen nicht mehr, wie bei uns meist noch, ihre Kindheit verleugnen... Sie werden die vielfältigen ästhetischen Formen, in denen die Kinder – wenn man sie läßt – sich ihr Wesen vergegenständlichen (...), aufnehmen und weiterführen, sie werden das kindliche Spiel ernst nehmen und den Ernst ihres reifen Lebens der Freiheit des Spiels möglichst nahezubringen suchen« (Tomberg 1977, S. 39).

Zum anderen sind wir als Erwachsene angesprochen – dann zum Beispiel, wenn wir durch die vielen »philosophischen« Fragen von Kindern zum Nachdenken gebracht werden. Oder dann, wenn die Kinder uns durch ihre dauernden Verstöße gegen Normen dazu bringen, deren Notwendigkeit immer wieder zu überdenken.

Bei intensivem Umgang mit Kindern mag uns, wie der bekannte englische Psychiater Ronald D. Laing schreibt, die Erkenntnis kommen,

»daß Erwachsene vom Kontakt zu Kindern den gleichen Nutzen haben wie Kinder vom Kontakt zu Erwachsenen. Unser Verständnis für uns selbst verkümmert sehr stark, wenn wir den Kontakt zur Kindheit verlieren (...) Ich vermute, daß Kinder in der Erwachsenenentwicklung eine ähnlich bedeutsame Rolle spielen wie wir Erwachsenen in der Entwicklung der Kinder. Ich verbringe meine Zeit nicht mit ihnen, weil ich muß oder weil ich sollte, sondern ganz einfach weil ich will« (Laing 1980, S. 11).

Wir wollen uns jetzt einen ersten plastischen Eindruck von der diffusen, schillernden Ganzheitlichkeit kindlichen Erlebens verschaffen. Die ursprüngliche All-Einheit, für Kinder selbst noch unaussprechlich, wird deutlich etwa in der Erinnerung des amerikanischen Kunsthistorikers Bernard Berenson (1865–1959):

»Wenn ich zurückschaue und mir die Momente größter Glückseligkeit ins Gedächtnis zurückrufe, dann waren dies meist Momente, in denen ich mich fast gänzlich verlor in einem Augenblick von vollkommener Harmonie. Bewußt betrachtet war das nicht meinem Ich zuzuschreiben, sondern meinem Nicht-Ich (...) In der Kindheit und im Knabenalter überkam mich diese Verzückung, wenn ich draußen glücklich war. War ich fünf oder sechs? Sicher nicht sieben. Es war ein Morgen im Frühsommer. Silberner Nebel schimmerte und zitterte über den Linden. Die Luft war voll von ihrem Wohlgeruch. Die Wärme war so wie eine Liebkosung. Ich erinnere mich, daß ich auf einen Baumstumpf kletterte und mich plötzlich in das Sein versenkt fühlte. Ich nannte es nicht so. Ich brauchte keine Worte. ›Es‹ und ich waren eins.« (Cobb 1977, S. 31).

Walt Whitman (1819–1892), der amerikanische Dichter, schreibt:

»Da war ein Kind, das jeden Tag hinausging,
und das erste Ding, das es sah, dieses Ding wurde es selbst,
und dieses Ding wurde ein Teil von ihm ...
Der frühe Flieder wurde Teil dieses Kindes
und Gras und weiße und rote Winden, und weißer und roter Klee,
und der Gesang der Phoebe
und die dreimonatigen Lämmchen (...)« (nach Cobb 1977, S. 29)

Der Schriftsteller Peter Handke (geb. 1942) erinnert sich an

»die Tropfen des Regens im Staub des Feldwegs in der Morgendämmerung: Es ist der Moment, da ›mein ganzes Wesen‹ immer noch, dreißig Jahre danach, ›verstummt und lauscht‹, das große Auge und Ohr der Welt ist.«

Das Verschmelzen von Innen und Außen deutet auch die Schriftstellerin Mechtilde Lichnowsky (1879–1958) an, wenn sie sich an die vielen nachmittäglichen Geräusche erinnert, die von draußen in ihr Kinderzimmer im Gutshof drangen:

»Aber was das Ganze war, das so, klingend mit der Luft, ins Zimmer kam, wußte niemand. Hundekläffen und Glockenton waren zum Einatmen (...).
Von weitem hört sich das Zirpen der Grillen als dem eigenen Kopf entstammend an. Kein Zweifel: Der Kopf zirpt.«

Und wenn das Kind draußen steht,

»versteckt sich die Sonne hinter dem Stalldach, sonst könnte niemand den Himmel anschauen, in dem so viele Schwalben sausen. Dennoch, will man eine mit den Augen verfolgen, verwandelt sie sich in einen weißen Funken, der im Blau zergeht und als Träne auf die Wange fällt.«

Der französische Philosoph Jean-Paul Sartre (1905–1980) meint:

»Kinder sind der Natur noch ganz nahe, sie sind die Vettern von Wind und Meer: Aus ihrem Stammeln kann einer, der es versteht, weite und vage Lehren entnehmen.«

Mit dem Älterwerden der Kinder kommt die Ahnung auf, daß die Welt doch nicht so etwas wie sie selber ist:

Der fünfjährige Junge blickte lange über die wildbewegte Brandung auf das Meer hinaus und sagte voller Sehnsucht: »Ich will Meer und Wasser werden.« Dann, sich in sein Schicksal fügend: »Aber der liebe Gott hat einen Sohn aus mir gemacht.«

Die allmähliche Ablösung von den Dingen, die Selbsterkenntnis, anders als Wasser, Wind oder Pflanzen zu sein, mag mit Gefühlen der Trauer, aber auch der Erleichterung einhergehen.
Die enge Beziehung zwischen Kind und Dingen oder Ge-

schehnissen wird etwa darin sichtbar, wie ein Kind in einem Geschenk »sich selbst« hergeben kann, in der Trauer über einen Verlust untröstlich ist oder in Musik »aufgehen« kann. Das ist nicht nur Mystikern oder Künstlern geläufig, zum Beispiel dem Musiker, der mit seinem Instrument »verschmilzt«. Auch uns kann ein Raum »drücken« oder »erheben«. Der Handwerker kann sich in sein Werkzeug »hineinlegen«. Der Autofahrer kann »eins« mit seinem Fahrzeug werden.
Ein Mann erinnert sich:

»Als ich zum ersten Mal einen Dudelsack hörte, lief ich ihm nach wie allem, was sonderbar ist. Aber ich kehrte nicht nach einiger Weile um wie sonst bei den Merkwürdigkeiten (...), sondern ich folgte vor die Stadt hinaus, die Landstraße weiter (...). Und es zog nicht nur der phantastische Mann, es verführte der sausende Geist, von dem ich glaubte, daß er im Dudelsack stecke, und der ich schließlich selber wurde.«

Ist vielleicht deshalb die Sage vom Rattenfänger von Hameln so beliebt, weil sie auf frühe Verschmelzungserlebnisse mit Tönen und Musik anspielt?
Kinder sind in ihrer Sinnlichkeit noch ziemlich einheitlich und ein-fach. Ihre Sinne sind mehr ineinander verwoben als bei Erwachsenen. Die Empfindungsgebiete trennen sich erst allmählich. Kinder können auf ihre Weise mit den Händen sehen und mit den Augen fühlen. Sie sind insofern »ganz Auge« und »ganz Ohr«, als es der ganze Mensch ist, der sieht und hört. Und dabei können sie so etwas wie Geräusche sehen, Farben hören, Farben riechen, Gerüche hören usw.

Die farbigen Töne
»Da bekam der Wolf eine ganz gelbe Stimme«, erzählte ein Mädchen.

Ein Junge hat »hellrote« und »dunkelrote« Pfiffe gehört; ein Mädchen unterschied zwischen dem »goldenen« und dem »silbernen« Ticken zweier Uhren; ein Kind nannte die hohen Töne des Klaviers die »blassen« Töne.

Sehendes Hören
Die Mutter lag mit geschlossenen Augen auf dem Sofa. Der Sohn (4; 9) begann ihr etwas zu erzählen, unterbrach

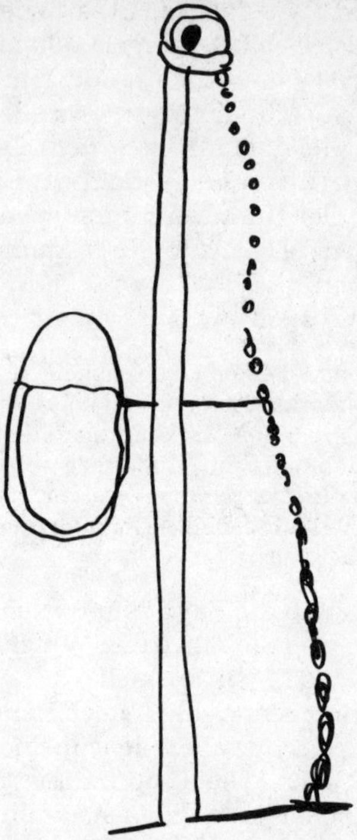

Trommler: Man sieht die Töne,
die auf den Boden fallen.
(Junge, 3; 6)

sich aber sofort ungeduldig: »Na, du mußt doch die Augen aufmachen, sonst weißte doch nich, was ich gesagt hab.«

Gerüche
Ein Junge (ca. 3; 6) roch an den grünen Blättern von rot und gelb blühenden Blumen und sagte jeweils: »Das Blatt riecht schön rot«; »das Blatt riecht schön gelb.«

Max (7; 7) streifte den Ärmel über meiner Armbanduhr hoch: »Ich wollte gerade an deiner Uhr riechen, wie gut die tickt.«

Klavier macht Musik. Unten die Tastenreihe, darüber die Töne: rechts hohe, links tiefe. (Mädchen, 4)

Steffi (5; 8) betrat das Zimmer, in dem der Vater saß, sah sich kurz um und fragte: »Was riecht hier so scheinheilig?«

Hörbarer Anklang?
Natascha (6; 3) las schweigend und fragte dann die Mutter, die im selben Zimmer saß: »Kannst du mich lesen hören?«

Die Kraft des Gesangs
Ein Mädchen sang laut in ihrem Zimmer: »Ich sing so viel, daß das Zimmer groß und schön wird.«

Die heiße Farbe
Bei großer Hitze keuchte ein Mann mit hochrotem Kopf den Berg hinauf. Steffi (8; 2): »Warum ist der so rot? Ich weiß, weil rot die heißeste Farbe ist.«

Die farbige Erlebnisweise kann auch Zahlen, Buchstaben oder Wochentage umfassen.

Bei einem sechsjährigen Mädchen hatte jede Ziffer ihre besondere Farbe. So war Eins weiß, Zwei schwarz, Drei weiß, Vier schwarz, Fünf blaßrosa usw. Neun war punktiert und schwarz, Elf dunkelgrün. Einige Ziffern wurden also viel deutlicher sichtbar gemacht als andere. Drei Jahre später konnte das Mädchen, wie Nachfragen ergaben, die Ziffern immer noch farbig sehen, aber nicht ganz in derselben Weise. So war jetzt Drei grau, Vier rot. Eins, Zwei und Fünf waren gleich geblieben. Neun hatte ihre Farbe verloren und Elf sich von dunkelgrün zu hellgelb verändert.

»Das A leuchtete rot wie Karmin, das E war licht graublau, I schwarz, O goldgelb. Ue grünblau oxydiert. Bei den Zahlen war's ähnlich. Die Fünf nahm die Karminfarbe des A, die Vier war stahlblau, der Dreier ockerfarben. Die Acht strahlend wie reifes Korn. Eins: schwarz; Zwei: weißlich. Grüne Zahlen gab's nicht, auch violette nicht. Der Hunderter war grau, der Tausender stahlblau« (Mechtilde Lichnowsky).

»Weißt du, wie ich mir den Montag vorstelle?« fragte Tobias (ca. 5). »Der Montag ist rot, der Dienstag, der Dienstag ist weiß, und der Mittwoch, der ist wieder rot. Der Donnerstag ist blau. Der Freitag und der Samstag? Die sind beide weiß. Und der Sonntag, der ist blau.«

Stimmen, die zu sehen sind, farbige Geräusche, die möglicherweise noch riechen, Dinge, die einen ansehen und anrufen: Die Welt, in der das Kind aufgeht, ist eine anschauliche, erfühlte Gesamtheit von traumartiger Labilität.

> Kinder hauchen der Welt ihre Seele ein und erklären sie uns ganz anders.

Kinder scheinen kleine Magier und Physiker in einem zu sein. Sie mischen scheinbar außersinnliche Eindrücke mit genauen Beobachtungen. Sie führen uns, wenn wir mitkommen, manchmal in bewegte, bizarre Wunderwelten der Einbildungskraft. Gleichzeitig geben sie uns, wenn wir zuhören, sachliche Erklärungen von objektiven Naturer-

scheinungen – Erklärungen, die zwar oft falsch, nichtsdestoweniger aber verblüffend oder einfach nur poetisch sind.
Bei uns Erwachsenen sind die (bewußte) Ich-Sphäre und die Gegenstands-Sphäre weitgehend getrennt. Zwar können wir eine Landschaft als »traurig« oder einen Raum als »einladend« empfinden; in aller Regel aber sehen wir Ausdruckhaftes nur beim Menschen und nicht bei Gegenständen. Kinder dagegen erleben oft physiognomisch in einer schillernden Einheit von Hineinfühlen und Herausfühlen. Ihr Erleben umfaßt die jeweils konkrete Gesamtsituation ohne genaue Trennung unterschiedlicher Realitätsebenen.

Vermischung unterschiedlicher Wirklichkeitsebenen

Bild und Realität

Für kleine Kinder hat die bildnerische Darstellung einer Sache oft noch denselben Wirklichkeitswert wie die Sache selbst.

Das arme Lamm
Ein gut zweijähriges Mädchen sah auf einem alten Bild, wie ein kleines Lamm an einem Dornbusch festhing, und versuchte mit dem Finger, den Dornzweig wegzustreifen.

Der frierende Christus
In einer kalten Kirche bemitleidete ein Mädchen (ca. 3) den lebensgroßen Christus am Kreuz: »Warum hat der nur eine Badehose an? Mama soll ein Tisört (T-Shirt) holen.«

Das seltsame Versteck des Vaters
Franz (3) schaute lange die plakatgroße Fotografie des Vaters an und rief dann: »Der Papa soll aus'm Bild rauskommen.«

Leben aus Stein
Die Schriftstellerin Isolde Kurz (1853–1944) erinnert sich an die Ehrensäule mit den Steinfiguren auf dem Stuttgarter Schloßplatz: »In einer dieser Gestalten

glaubte ich unsere Mutter zu erkennen und rief sie erschrocken an herabzukommen. Da sie sich nicht regte, schrie ich immer ängstlicher und flehender mein ›Mamele, komm lunter‹. Dieses starre, steinerne Dastehen flößte mir eine bange Furcht, ein wachsendes Grauen ein, ich begann zu ahnen, daß es ein Entrücktsein geben könne, wo kein Ruf die geliebte Seele mehr erreicht.«

Halb lebendig
Ein Kind glaubte, daß die Statuen und Bilder von Personen zwar nicht lebendig seien, aber denken und sehen könnten. Man sei nicht allein, wenn solch ein Bild im Zimmer hänge.

Zumalen
Steffi (3; 9) will, daß der Vater nichts mehr sagt: »Da mal ich über deinen Mund einen Schnurrbart, dann kannst du nix mehr sagen.«

In weiter Entfernung
Theodor (5; 7) und Julius (3; 9) sind mit der Mutter in die Ferien gefahren und wollten für den zu Hause gebliebenen Vater das Bild der Pension, in der sie wohnten, malen. Julius: »Sonst weiß Papi nicht, wo wir sind.« Nachdem das Haus mit den Menschen fertig war, sagte Theodor: »Mami, du bist so klein, weil wir so weit sind.«

Ältere Kinder verwechseln in der Regel Bild und Realität nicht mehr. Aber sie – und viele Erwachsene – scheinen Spaß daran zu haben, diese Wirklichkeiten mal nach Gutdünken zu vermengen. Das erklärt unter anderem die unverwüstliche Lebenskraft der sog. Mainzelmännchen, die im Zweiten Deutschen Fernsehen die Werbesendungen aufzulockern versuchen. Diese Männchen springen ja dauernd zwischen Bildraum und Realraum hin und her: Sie malen Bilder, in die sie dann hineinklettern; sie holen sich aus gemalten Bildern Gegenstände heraus; sie lassen aus einem Bild mit Meer und Schiff das Wasser herauslaufen, so daß das Schiff kentert, usw.
Der belgische Surrealist René Magritte (1898–1967) malte Ende der 20er Jahre eine Tabakpfeife, schrieb darunter auf die Leinwand »Das ist keine Pfeife« und gab dem Bild den Titel »Der Wind und das Lied«.

Klar, es ist auch keine Pfeife (sondern deren Darstellung, die von ganz anderer Qualität ist als das Dargestellte). Wenn es aber keine Pfeife ist, dann kann es auch »der Wind und das Lied« sein, oder? Solche vertrackten Vermengungen von Wirklichkeiten und Benennungen werden wir später, wenn es um die Sprachgebung der Kinder geht, in vielfältigen Formen wiederfinden.

Schlafen und Träumen

Wo bin ich, wenn ich schlafe?
»Wenn ich schlafe, denk ich, daß ich nirgendwo bin, nicht im Bett und nicht mal im Zimmer. Wo bin ich dann, Mama?« (Wolik, ca. 5)

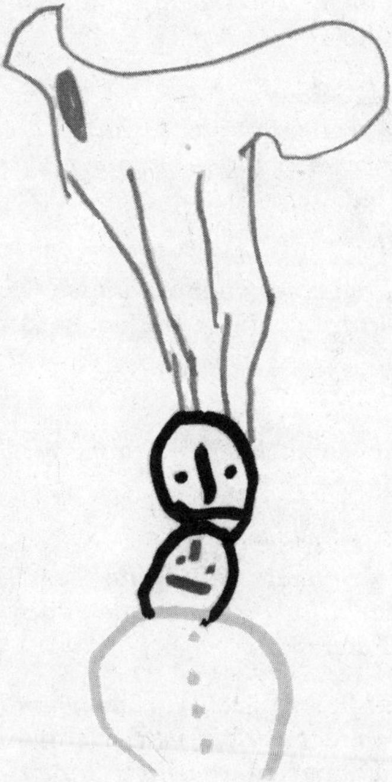

Ein Wal sitzt auf dem Schneemann. (Mädchen, 4; 5)

Das Schlafen sehen
»Laß das Licht an, sonst kann man das Schlafen nicht sehen.«

»Wenn ich nix sehe, kann ich nicht schlafen.« (Steffi, 6; 6)

Frage an das Kind, wie es aus dem Bett gefallen sei: »Nachts hab ich geschlafen, noch und noch geschlafen und nicht auf mich gesehn, und dann hab ich aufs Bett gesehn und bin nicht mehr drin gewesen.«

Gemeinsames Träumen
Aufforderung an die Mutter: »Leg dich auf mein Kissen, dann haben wir denselben Traum.«

Das verpatzte Träumen
Der Sohn (5; 11) zum Vater, welcher streng forderte, endlich zu schlafen: »Jetzt weiß ich wegen dir nicht, was ich träumen soll!«

Die Träume im Zimmer
Ein Junge bat darum, ihn nicht mehr in einem bestimmten Zimmer schlafen zu lassen, »weil so viele Träume drin sind«.

Der Mond und die Träume
In der Vorstellung eines kleinen Jungen (4; 6) besteht der Traum aus »Lichtern«, die »vom Mond« kommen, der sich teilt.

Traumvögel
Die Vögel schicken nachts den Traum mit dem Wind in das Zimmer (Junge, 6; 6).

Mit geschlossenen Augen sehen
»Wie sieht man denn aber die Bilder vom Traum, wenn's dabei in der Nacht finster is und man doch die Augen fest zu hat?« (Peter, 5; 9)

Wenn man schläft, tritt Licht aus unserem Kopf
»Während man nicht schläft, ist der Traum in unserem Kopf. Während man schläft, geht er hinaus. Wenn es Nacht ist, ist es dunkel, aber während man schläft, ist es nicht mehr dunkel« (Junge, 6).

Wie im Stadttheater
Ein 10jähriges Mädchen: »Ich denke, wenn ich träume, daß es so ist, als wenn ich im Stadttheater bin, nur daß ich im Bett liege.«

Zwischenwelten
Harry Graf Kessler (1868–1937) erinnert sich an die Verbundenheit zwischen Traum- und Wachwirklichkeit: »Abends im Bett, zwischen Halbschlaf und Traum, baute ich an Palästen für meine Prinzessinnen und Feen, labyrinthisch aneinandergereihten Höfen und Hallen, die von Edelsteinen funkelten und in einem wunderbaren Licht schwammen (...) Durch diese Pracht führte ich dann unterschiedslos die Figuren, die mir am Tage aufgefallen waren, und die, von denen ich im Märchen gehört hatte. Ich arbeitete manchmal wochenlang Nacht um Nacht an den Plänen und der Ausstattung eines und desselben Zauberschlosses, das ich immer wieder umbaute und verschönerte, bis es mir der erlauchten Gesellschaft, die ich einzuladen gedachte, würdig erschien. Ja, ich hatte mir aus einem alten Bademantel und bunten Federn eine Art von Staatsgewand zusammengebettelt, in dem ich die Gäste in meinen Gemächern zu empfangen mir vorgenommen hatte. Dieser Zaubermantel, der mehrere Jahre eine Rolle spielte, wurde mir zurechtgeschneidert und immer reicher ausgeschmückt von meiner alten Kinderfrau Marie (...), die auch die Urheberin der Märchenatmosphäre war, in die die ganze mich umgebende Wirklichkeit nach und nach einbezogen wurde und sich sozusagen auflöste.«

Wunsch und Wirklichkeit

Wir alle erinnern uns an Märchen, in denen durch bloßes Wünschen der Gang der Dinge geändert wird oder ein entfernter Gegenstand plötzlich herbeikommt. Dieses magische Wunschdenken, im Märchen oft unterstützt durch Zauberformeln oder bestimmte Hantierungen, gehört zum Erlebniszusammenhang des kleinen Kindes und findet sich in Restbeständen zum Beispiel auch noch beim Beten von Erwachsenen.

Suche nach magischen Formeln
Ein Erwachsener denkt zurück: »Ich redete mir selbst ein, wenn es mir gelänge, die benötigten Worte oder die notwendigen Losungen zu finden, so könnte ich den großartigen Vögeln und prachtvollen Schmetterlingen in den (...) Büchern meines Vaters die Fähigkeit verleihen, wieder lebendig zu werden und aus dem Buch herauszufliegen, so daß nur Löcher zurückbleiben würden.«

Wunschdenken
Die Schriftstellerin Luise Rinser (geb. 1911) schreibt: »Wenn ich mich recht erinnere, war ich acht Jahre alt, also in dem Alter, in dem Kinder meiner Generation noch fest daran glaubten, daß Weihnachtsgeschenke ohne Umweg vom Christkind kämen (...) Aber es schien mir überflüssig, sinnlos, ja häretisch (...), diesem göttlich allwissenden Kinde meine Wünsche in einem Brief mitzuteilen, wie es üblich war. Ich, ganz spirituell, ich dachte *meinen Wunsch. Ich dachte ihn neunmal hintereinander heftig, dann ließ ich's darauf ankommen. Neunmal dachte ich ihn, weil die Zahl neun, drei mal drei, bei mir schon von je eine Rolle spielte. Aber was wünschte ich denn so heftig? Eine kleine Kehrschaufel und einen Besen... Der Heiligabend kam, Schaufel und Besen lagen nicht unter dem Christbaum. Ich gab nicht sofort auf, ich suchte und suchte, suchte unter dem Tisch, dem Sofa, im Nebenzimmer, vor dem Fenster. Die Eltern waren ratlos, dann ärgerlich, dann böse, denn ich schwieg, und meine Suche muß etwas Besessenes gehabt haben. Schließlich setzte ich mich auf einen Stuhl und blieb da sitzen, die Hände im Schoß, kerzengerade und stumm. Ich war gestorben, Weihnachten war gestorben.«*

Gestalten und Gesichter

Die (tatsächliche und eingebildete) Umwelt existiert für Kinder vielfach gesichts- und gebärdenhaft und verlangt nach einem Tun. Wolken, Bäume, Pfützen, Steine, alte Blechbüchsen oder Küchengeräte sprechen eine Sprache. Die Dinge sind für Kinder ich-haft und du-artig. Die Kin-

Tiergesicht

der erfahren ihren Aufforderungscharakter und ihr gebärdenhaftes Gegenüber: Der Schlamm »lädt ein«, geformt zu werden; der Ball »will« springen und verweist gleichzeitig auf Mitspieler; die Höhle »lockt«, entdeckt zu werden; der dunkle Busch »warnt« davor, sich ihm zu nähern, oder die Wolke »droht« herunterzufallen. Die Welt ist prall gefüllt mit Anrufen, Zeichen und Gestalten.
Viele Erwachsene lassen sich gelegentlich von Kindern anstecken: Sie erkunden mit ihnen »unheimliche« Gemäuer, erkennen Tiergestalten in Wolken, ziehen Bahnen im raschelnden Herbstlaub oder versuchen, Schneeflocken zu fangen.

Jahreszeiten

Kälte
Nachdem in der Nacht Schnee gefallen war, öffnete ein Kind am Morgen das Fenster und faßte hinaus. Es wollte die Kälte greifen.

Schneegestöber
Während es draußen schneite, legte Bubi (3; 11) einen Teil seiner Frühstückssemmel für die »Himmelspiep-

Es schneit. (Junge, 6)

vögerle« (Schneeflocken) beiseite. »Was so runterkommt, so weiß, das sind die Himmelspiepvögerle, da wer ich die Semmel so verstreun und aufn Teller tun und aufn Balkon stellen und da wern se alle aufn Teller kommen und ›eia, eia‹ sagen.« Dann blickte er suchend zum Himmel hinauf und klagte, daß er gar nicht das Loch sehen könne, aus dem sie alle herkämen.

Der Literaturkritiker Walter Benjamin (1892–1940) erinnert sich, wie er im Winter manchmal am Fenster stand. Da »erzählte das Schneegestöber draußen mir so lautlos. Was es erzählte, hatte ich zwar nie genau erfassen können, denn zu dicht und unablässig drängte zwischen dem Altgekannten Neues sich heran. Kaum hatte ich mich einer Flockenschar inniger angeschlossen, erkannte ich, daß sie mich einer anderen hatte überlassen müssen, die plötzlich in sie eingedrungen war.«

Frühling
»Dem Winter ist kalt geworden, er ist irgendwohin weg« (ca. 3). »Der Schnee ist abgeerntet« (Max, 3; 0).

Boike (11) kamen die blühenden Apfelbäume so vor, als seien sie mit »Schneeflöckchenschaum« überzogen.

Dieter (6) hat ein Gedicht gemacht:

> *»Wenn die Schweinchen an den Bäumen wachsen,*
> *dann wird es Frühling.*
> *Und die Kühe und die Menschen*
> *wachsen auch auf den Bäumen.*
> *Erst sind es Knospen*
> *und dann Schweinchen und Kühe und Menschen.«*

Sommerliches
Stephanie (10; 9) schob die Beine durch hohes, saftiges Gras: »Tiefschnee«, lächelte sie, »das ist grüner Tiefschnee.«

Ein Junge (5; 2) fragte angesichts eines mit Wasserlinse bedeckten Tümpels: »Is das grünes Eis?«

Der lange Sommer
Sommer und Herbst waren ungewöhnlich schön, bevor schlechtes Wetter einsetzte: »Der Sommer hat den Winter ganz klein gemacht, weil er immer länger geworden ist.« (Junge, 5; 6)

Tag und Nacht

»Man sieht, wie sich die Landschaft langsam von der Nacht erholt« (Katharina, 14).

Die wählerische Sonne
»An bestimmten Tagen, wenn sie aufgeht, sieht sie, daß das Wetter schlecht ist, dann geht sie dorthin, wo es schön ist« (8; 6).

Sonnenstrahlen fangen
Maria (ca. 3) sammelte am Fenster in ihren Händchen Sonnenlicht und legte es auf ihr Gesicht.

»Weißte, Mama, was ich am liebsten hab? Ich hab am liebsten die Blumen und die Sonne. Tu doch mal das Fenster feste zumachen, da is die Sonne gefangen und kann nich mehr raus und der schöne Duft von den Blumen kann auch nich mehr raus« (Sebastian, 7).

Die kleine Fliege lernt fliegen
Der Junge (9; 4) lag morgens im Bett. Durch den halb geöffneten Vorhang fiel ein Sonnenstrahl wie ein breites Band in das Zimmer. Wohl in Erinnerung an die Zeit, als ihm selbst noch die Sonnenstrahlen stofflich und greifbar erschienen, erzählte er eine Geschichte:
»Es war mal ein Fliegenkind, zu dem sagt die Mutter: ›Sieh mal, dort auf dem Fensterbrett liegt ein Zuckerkrümel; du mußt fliegen lernen – na, versuch's mal und hol dir's!‹ Aber die kleine Fliege hat bißchen Angst und sagt: ›Ach, ich fürcht mich so, weil ich durch den dicken alten Sonnenstrahl durchfliegen muß, der ist so im Wege.‹«

Die weinende Sonne
Bei schönem Wetter glaubte ein Junge, es habe getröpfelt. Seine Schwester (5; 10) klärte ihn auf: »Die Sonne hat geweint.«

Feuerballspiel
Ein Junge (aus einer Stadt, die von Hügeln umgeben war) glaubte, die Sonne sei ein Feuerball. Ein hinter den Hügeln versteckter großer Mann vergnüge sich damit, den Feuerball jeden Morgen ganz hoch in den Himmel hinauf zu werfen und am Abend wieder einzufangen.

Jesus und die Sonne
Ein Mädchen (8; 6) schloß von der Aureole der Jesusbilder auf eine Verbindung von Jesus und Sonne: Die Sonne sei mit der Himmelfahrt Christi entstanden. Das Kind richtete seine Gebete an die Sonne.

Es wird Abend
»Die beiden Uhren zanken um die richtige Zeit. Plötzlich dämmerte es. Der düstere und trübe Himmel zeigte seine ersten Sterne« (Monika, 13).

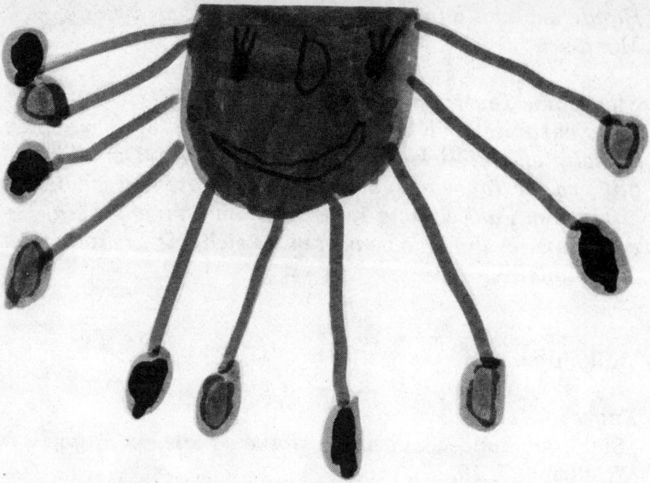

Sonne mit Regentropfen an den Strahlen. (Mädchen, 6; 7)

In der Dämmerung bei Nebel: »Mutti, ich kann nichts sehen, so neblig ist es. Es ist ja alles wie geflüstert« (Marion, 5; 6).

»Wohin gehen alle Tage?«

Die schwarze Sonne
Max (5; 6) hat eine schwarze Sonne mit schwarzen Strahlen gemalt. Auf die Frage, warum die Sonne schwarz sei, sagte er: »Weil sie schläft.«

Die weite Nacht
»Sonnenschein ist schön, aber er macht alles so hell, daß man gar nicht weit sehen kann. In der Nacht ist das Leben schöner. Man kann sich nachts so groß machen, daß die Finger bis an die Sterne reichen« (Anna, ca. 7; 6).

Nachts im Auto in der Stadt
»Schau mal, Mama, der Papa streichelt mit dem Licht (= den Scheinwerfern) die Häuser« (Junge, 3; 6).

Der apfeldicke Mond
»Mutti, sieh mal, der Mond ist apfeldick«, sagte Cornelia (ca. 4), machte zwei dicke Pausbacken und hielt ihre

Händchen weit davon ab, um zu zeigen, wie dick der Mond sei.

Sterne wie Tautropfen
Der Schriftsteller Karl Gutzkow (1811–1878) über seinen »beseligten Aufblick zum Sternenhimmel«: »Dem Kinde glitzern die Tausende von Himmelsleuchten im weißen, zitternden Funkeln wie Tautropfen im Sonnenschein, und oft ist es ihm, als bewegten sie sich wie Lichter im Zugwinde.«

Wolken

Engel
»Sieh nur, Papa, da oben die Wolke ist wie ein Engel« (Friedrich, 3; 10).

Hölle
Dunkle Wolken ballen sich: »Schau, Mama, das ist die Hölle« (Elisabeth, 3).

Das mürrische Gesicht
Auf die Frage, wie der Donner aussehe, antwortete die fünfjährige Silvia: »Er hat einen Kopf, aber keine Augen und keine Nase.« Auf eine weitere Nachfrage: »Nun, so sieht er aus.« Sie machte ein mürrisches Gesicht mit zusammengezogenen Augenbrauen.

Das schreckliche Gesicht
Ellen (ca. 7) bat Gott: »Eine deiner Wolken hat ein Gesicht gemacht, das mich erschreckt hat. Bitte, tu es nicht wieder.«

Sternzeichen Fisch
»Letztes Mal auf dem Sportplatz, da war der Himmel ganz voll Schuppen und es war das Sternzeichen Fisch« (Stephanie, 8; 0).

Schweine treiben
Der Maler Emil Nolde (1867–1956) schaute als Kind zu, während er Pferde beim Grasen hütete, »wie Jakob Bleu

in der Ferne seine Schweine trieb, so nannten wir es, wenn die Wärme den Horizont zu treibenden blauen Wellenlinien verwandelte.«

Sehnsucht nach der Mutter und Wolkenjagden
Der Kulturphilosoph Theodor Lessing (1872–1933) denkt zurück: »Großes Weh überschattete die Kindheit (...) Die Mutter liebte mich in ihrer Art, so wie man eine Puppe liebt (...) Ein alter Pappelbaum, welcher auf der Chaussee nahe dem Hause stand, bannte mich, wenn ich ausspähend in das Zitterspiel seiner Blätter versank. Bei dem Worte ›Mutter‹ dachte ich an diesen Baum, und winters in der Stadt hatte ich ›Sehnsucht nach der Mutter‹ (...) Meine besten Gespielen aber waren Wolken, wenn ich im Grase auf dem Rücken lag. Angesichts der fabelhaften Jagden und Berge, ihrer Farben und zackigen Schlünde wurde die ekelhafte Wirklichkeit zu Nichts.«

Steine

Den Steinen Abwechslung verschaffen
Eine Erwachsene erinnert sich: Als Kind von ungefähr drei Jahren »hatte ich die Gewohnheit, nicht nur allen lebenden Geschöpfen Intelligenz zuzuschreiben, sondern auch den Steinen und den Spielwaren. Ich meinte zu fühlen, wie langweilig es für die Kieselsteine auf der Straße sein müsse, regungslos dazuliegen und nur die unmittelbare Umgebung zu sehen. Wenn ich mit einem kleinen Korb ausging, um Blumen zu sammeln, pflegte ich zuweilen einen oder zwei Kiesel aufzuheben und fortzutragen, damit sie eine Abwechslung hätten; am entferntesten Punkt des Spazierganges warf ich sie dann heraus, wobei ich nicht zweifelte, daß sie sich freuen würden, nun etwas Neues zu sehen.«

Bewahrung der altvertrauten Umgebung
Als Kind hatte eine Frau sich folgende Verpflichtungen auferlegt: Wenn sie zufällig einen Stein wegstieß, der halb im Boden steckte, so legte sie ihn an den früheren Ort zurück, damit er nicht darunter leide, daß er verschoben worden sei. Wenn sie eine Blume oder einen

Stein nach Hause brachte, so nahm sie immer mehrere Blumen oder mehrere Steine, damit sich diese nicht langweilten und in der gewohnten Gesellschaft leben konnten.

Freundschaft mit Steinen
Der Dichter Adalbert Stifter (1805–1868) erzählt von einem Knaben, der Bündnis und Freundschaft mit allerlei Wesen in der Heide geschlossen hat. »Gesellschaft war im Übermaße da. Vorerst die vielen großen Blöcke, die eine Burg bildeten, ihm alle bekannt und benannt, jeder anders an Farbe und Gesichtsbildung, der unzähligen kleinen gar nicht zu gedenken, die oft noch bunter und farbenfreudiger waren. Die großen teilte er ein, je nachdem sie ihn durch Abenteuerlichkeit entzückten oder durch Gemeinheit ärgerten. Die kleinen liebte er alle.«

Wasser

Das arme Wasser
Ein Mädchen (4; 6) stieg in den See und sagte: »Das arme Wasser! Ob es ihm wohl weh tut?«

Das alte Wasser
»Wenn Wasser ganz alt wird, dann fließt es nimmer« (Max, 4; 5).

Der Fluß
Isolde Kurz: »In dem sonnbestrahlten, silbern rieselnden Neckar verehrte ich ein beseeltes höheres Wesen. Ich warf ihm ab und zu ein paar Blumen oder eine Handvoll glitzernder Perlen aus meiner Perlenschachtel hinein, und wenn ein Fisch aufhüpfte, schien mir das irgendwie ein gutes Zeichen.
Er hatte aber auch noch ein anderes dämonisch wildes Gesicht, das ich schaudernd noch mehr liebte: dort an der nach Eßlingen führenden bedeckten Brücke, die wir das Wasserhaus nannten, verbreiterte sich sein Lauf für mein Auge ins Unermeßliche. Unter den Pfeilern schüttelte er wilde braune Locken, schnaubte und rüttelte an dem Bau, daß ich wie gebannt stand und kaum von der Brücke wegzubringen war.«

Das Meer – ein tückisches Ungeheuer
Ein Erwachsener schildert seinen ersten kindlichen Eindruck von der See, die er in der Abenddämmerung sah: »Sie war von dunklem, beinahe schwarzem Grün; sie erschien ruhelos, hinterlistig, bereit zu verschlingen; sie bewegte sich und schwankte zur selben Zeit mit dem Blick tückischer Bosheit überall hin und her.«

Der Filmkomiker Charly Chaplin (1889–1977) war als Kind vom ersten Anblick der See förmlich hypnotisiert: »Als ich mich ihr in strahlendem Sonnenlicht auf einer bergabführenden Straße näherte, kam sie mir wie etwas Schwebendes, wie ein zitterndes lebendiges Ungeheuer vor, das bereit war, sich auf mich zu stürzen.«

Aus einer Geschichte von Emma (10): Die Frau auf der Klippe »sah weit hinaus in die hungrige See, die ihren Rachen aufriß, als ob sie sie verschlingen wollte«.

Salzgeschmack
Ein Junge (ca. 6), der zum ersten Mal am Meer war und dessen Geschmack nicht kannte, bekam etwas Wasser in den Mund und meinte entsetzt, das sei »die Pinkel von Gott«.

Kampf gegen Wind und Wellen
Der Dichter und Staatsmann F.R. Chateaubriand (1768 bis 1848) wuchs, wie er schreibt, am offenen Meer »als Gefährte der Wellen und der Winde heran; gegen die Stürme zu kämpfen, mit den Wellen zu spielen, die sich vor mir zurückzogen oder vor mir her dem Ufer zueilten, war eine der ersten Freuden, die ich genoß«.

Christian (ca. 8) focht am Sylter Strand mit einem Degen (Stock) gegen den Wind, wobei er mit den Ausläufern der Wellen vorpreschte und zurückwich.

Zwei Märchen

Das Eswareinmal
»Es war einmal das Eswareinmal, das fraß das Eswareinmal, und dann fraß das Eswareinmal, fraß einmal die Prinzessin mit dem König, und dann starb das Eswareinmal, das Ende am Ende.« (Robert, 4)

Die Zauberhand

Norman (5) erzählte der Mutter ein Märchen: »Die Zauberhand«. Als die Mutter danach bedauerte, es nicht aufgeschrieben zu haben, erzählte er es nochmals in denselben Worten:

»Da war eine Hand, die war eine Zauberhand, die ging als Wurzel durch den Wald, die hatte Augen.

Da kam ein Mann in den Wald, der hatte eine Hand verloren; ein Unglück hatte sie getrennt von seinem Arm; es war ein Autounglück.

Nun sah der Mann die Hand im Wald; er sah, sie war eine Zauberhand; sie hatte Augen.

Bald fand er auch die Himmelsleiter und stieg zu Gott. ›Lieber Gott, nun mußt du mir diese Hand anlöten.‹ Das tat Gott. Der Mann vergaß, danke zu sagen; er kletterte rasch in die Welt zurück, wie der *sich freute! Alle Tage patschte er im Staub herum, er durchwühlte die Erde und anderer Leute Sachen: alles mit seiner Zauberhand.*

Da wurde sie blind.

Da hatte er wieder Hände wie jeder.

Und wieder kam ein Unglück, wieder verlor er die Hand, wieder ging er in den Wald. Da waren alle Wurzeln festgewachsen. Die Augen der Bäume waren voll Regen.«

Gespräche mit Tieren, Pflanzen und anderen Wesen

Der böse Dampf

Ein Junge (3; 2) wollte gerne seinen Kakao trinken, der aber noch zu heiß war und stark dampfte. Weinerlich und wütend zugleich rief er: »Alter Dampf, geh weg – der Dampf will trinken!« Nachdem er mehrere Male heftig gegen den Dampf geschlagen hatte, sagte er: »Jetzt hab ich den alten, häßlichen Dampf ins Kalte weggejagt.« Schließlich ließ er einen kleinen Kakaorest in der Tasse und sagte: »Siehst du, Dampf, ich hab dir ein ganz weniges bissel gegeben.«

Saft für den Husten

Ein Knabe (3; 3) hatte Husten und bekam Hustensaft. Er guckte ins Glas: »Ei, guter Saft, ja, ja, der alte Husten will was haben.« Als er wieder husten mußte: »Was sagt denn jetzt der Husten?«

Die zankenden Pflanzen
Bubi (4; 1) liebte seine Unkrautpflänzchen sehr und redete oft zärtlich auf sie ein. Einmal führte er seine Eltern auf den Balkon hinaus, um ihnen zu zeigen, wie seine Blumen sich zankten; er hatte ihnen nämlich sehr viel Wasser zu trinken gegeben und behauptete nun, die Blumen zankten sich darum, weil die Halme und Gräser durcheinander im Wasser lagen und einen Wirrwarr bildeten.

Die taube Fliege und der beredte Kanarienvogel
Derselbe Junge (5; 2) versicherte einer kleinen Fliege ausdrücklich, daß er ihr nichts zuleide tun werde, und als sie dennoch wegflog, fragte er verwundert: »Aber warum fliegt se denn weg, hat se das nich gehört, was ich gesagt hab?« Er wollte nicht glauben, daß die Tiere die Sprache der Menschen nicht verstünden, und verteidigte hartnäckig wenigstens den Kanarienvogel, der immer alles verstünde, was Bubi sage: »Vorjes Jahr (= neulich) wie ich aber zu meim Piepvögerle gesagt hab: Willste noch ein Stück Bistwit, haste da nich gehört, wies ganz leise zu mir gesagt hat (piepsend): Ja, Bubi, ich will noch Kuchen, das Bistwit eß ich so görne, weil das mein Kuchen is? – Siehste, ich hab die Augen ganz weit aufgemacht, da hab ich das so gehört!«

Fratzenschneider und Dämonen

Der Sessel
Ein kleiner Junge saß im Halbdunkel des Schlafzimmers im Bett, die Blicke starr auf den Sessel gerichtet: »Da, Sessel macht bäh, streckt Zunge raus.«

Die wilden Tiere
Ferdinand (5) sah nachts regelmäßig »die Augen von Löwen und Tigern funkeln, wie sie im Zimmer herumgingen«.

Geist Zwowo (Junge, 8; 7)

Die Palme
Eine Frau erinnert sich: »Ich mußte nachts oft zur Toilette. Meine Großmutter ließ immer alle Stubentüren auf. Da kam ich an fünf verschiedenen Türen vorbei und fürchtete mich nicht, bis ich am roten Zimmer vorbei mußte; es schien der Mond ins Zimmer, die Gardinen sind gemustert, und in der Ecke steht eine große Palme. Ich sah die Palme auf mich zukommen, ich war nicht fähig, weiterzugehen oder zu schreien; dieses ein paarmal nacheinander; tagsüber war ich stumpf und einsilbig (...) Die Palme mußte verschenkt werden.«

Der unheimliche Reigen
Der Schriftsteller F. de la Motte Fouqué (1777–1843) wagte es gegenüber seiner Mutter nicht auszusprechen,

»daß die kleinen Figuren aus Bilderbüchern und Kalendern – der König Xerxes aus der Fibel gewöhnlich an der Spitze – sich schier allnächtlich loszumachen pflegten, höhnend um das Bett des Knaben hinschreitend – ob im Traum oder Wachen, wußte er selbst nicht so recht –, ihm zuwinkend und zuflüsternd, als gehöre er eigentlich ihnen an und sei nur mißbrauchsweis unter den kräftigen, liebenden, fröhlichen Menschen daheim!«

Schaurige Belebung
Der Dramatiker Friedrich Hebbel (1813–1863) schreibt: »Wenn ich des Abends zu Bett gebracht wurde, so fingen die Balken über mir zu kriechen an, aus allen Ecken und Winkeln des Zimmers glotzten Fratzengesichter hervor, und das Vertrauteste, ein Stock, auf dem ich selbst zu reiten pflegte, der Tischfuß, ja die eigene Bettdecke mit ihren Blumen und Figuren wurden mir fremd und jagten mir Schrecken ein.«

Der Komponist Richard Wagner (1813–1883) erzählt: »Von zartester Kindheit an übten gewisse unerklärliche und unheimliche Vorgänge auf mich einen übermäßigen Eindruck aus; ich entsinne mich, vor leblosen Gegenständen, als Möbeln, wenn ich länger im Zimmer allein war, und meine Aufmerksamkeit darauf heftete, plötzlich aus Furcht laut aufgeschrien zu haben, weil sie mir belebt schienen.«

Beleg für die Existenz von Feen im Garten
»Wenn man ›guten Tag, Fee‹ zu ihnen sagt, sagen sie gar nichts. Daran merkt man, daß es eine Fee ist« (Miranda, 6).

Beleg für die Nichtexistenz von Gespenstern
»Selbst wenn sie durch Mauern und feste Gegenstände hindurchgehen könnten: Könnten sie uns dann vielleicht anrühren? Nein, denn ihr durchsichtiger Körper würde ja auch durch uns hindurchgehen« (Christine, 10).

Kann man Gespenster sehen?
»Gespenster sehen wie gewöhnliche Menschen aus, nur sind sie durchsichtig« (Camilla, 10).

»Damals« nennt Peter Huchel (1903–1981) ein Gedicht:

Damals ging noch am Abend der Wind
mit starken Schultern rüttelnd ums Haus.
Das Laub der Linde sprach mit dem Kind,
das Gras sandte seine Seele aus.
Sterne haben den Sommer bewacht
am Rand der Hügel, wo ich gewohnt:
Mein war die katzenäugige Nacht,
die Grille, die unter der Schwelle schrie.
Mein war im Ginster die heilige Schlange
mit ihren Schläfen aus milchigem Mond.
Im Hoftor manchmal das Dunkel heulte,
der Hund schlug an, ich lauschte lange
den Stimmen im Sturm und lehnte am Knie
der schweigsam hockenden Klettenmarie,
die in der Küche Wolle knäulte.
Und wenn ihr grauer schläfernder Blick mich traf,
durchwehte die Mauer des Hauses der Schlaf.

Physik und Poesie

Kinder erklären sich die Naturerscheinungen auf ihre Weise. Zwischen Entzücken und Irritation hin und her schwankend wollen sie gleichwohl eine Ordnung in ihre Umgebung bringen. Damit ist nicht die Ordnung im Kinderzimmer gemeint, auf der die Mütter oft so vergeblich insistieren, sondern eine »Weltordnung« – die inneren Gesetze, nach denen Kleines und Großes entsteht, sich bewegt und vergeht. Ihre Erklärungsversuche sind oft nur flüchtige »Arbeitshypothesen«, mit denen das Kind im gegebenen Moment auskommt, und die es bald auswechselt oder vergißt.

Die kindlichen Erklärungsversuche sind oft falsch in einem naturwissenschaftlich-logischen Sinne. Dennoch können sie uns faszinieren und bereichern. Denn sie scheinen nicht selten von eigentümlich poetischer Qualität zu sein: Dinge, die eigentlich nicht zusammengehören, werden zusammengeführt; Dinge werden auf den Kopf gestellt oder umbenannt. So geben Kinder aus Versehen den Dingen und Beziehungen die geheimnisvolle »Würde des

Unbekannten« (Novalis) oder die irritierende Gestalt des Fremdartigen.
Kindliche Fehlleistungen solcher poetischen Art verweisen uns einerseits auf die Notwendigkeit und den Wert naturwissenschaftlichen Kausalitätsdenkens. Sie erinnern uns aber andererseits auch an die Tendenz zur Vereinseitigung unseres Denkens und dessen Verarmung in einer durch und durch rationalisierten »Normalwelt«.

Hübsche Assimilationen von Fremdem an Bekanntes

Kleine Kinder erkennen Goldfische als »Möhren« wieder (2; 9) oder finden, daß »bei der Kuh unten Mohrrüben rauskommen«. Sie bezeichnen Trauben als »ganz kleine Luftballons« (2; 10), Tannenzapfen als »Lutscher« (2; 4), einen Blitz als »Blinklicht« (2; 4). Sie greifen in die tiefen Tasten eines Klaviers und hören einen »Hubschrauber« heraus (2; 4), freuen sich am Meer, daß »der Dampfer badet« (2; 6), essen »Huhn am Stiel« (Hühnerbein, 3; 8) oder bemerken, daß »das Gras weint« (Tau).
Wenn sie ein bißchen älter sind, sehen sie in der Frucht des Holunderbaumes einen »Sonnenschirm aus schwarzen Perlen« (6; 2) oder erläutern: »Der Strauß ist eine Giraffe; nur ist er ein Vogel.« Sie führen uns im Wald zu einer »Herde von Klee« (7; 4) oder zeigen uns am Bienenhaus »eine Wolke Bienen« (8; 1).

Der Pfau
Ein Pfau begann das Rad zu schlagen. Da rief ein Kind: »Schau mal, der Pfau blüht auf.«

Das Hühnerei
Ein Junge (3; 4) hat sich tagsüber auf dem Bauernhof umgesehen und will zum Abendbrot »ein Ei, was die Hühner gebacken haben«.

Das Herrenschwein
Anika (ca. 3; 6) sah ein Schwein: »Das ist eine Frau. Oder hat ein Herrenschwein auch Euter?«

Sonnenuntergang
Die untergehende Sonne erinnerte Sebastian (ca. 6) an ein Spiegelei: »Sieh mal, die Sonne sieht aus wie zerflossenes Eidotter.«

Der gefrorene Zimmerboden
Ein Junge (3; 8) hat einen zugefrorenen Teich gesehen und gleichzeitig das Gedicht vom »Büblein auf dem Eise« kennengelernt. Als er bald darauf ein Zimmer betreten sollte, dessen eben gewischter Fußboden noch vor Feuchtigkeit glänzte, rief er ängstlich: »Nein, da is Eis, da brech ich ein.« Er war nicht zu bewegen, allein hineinzugehen, klammerte sich fest an die Mutter und trippelte mit größter Vorsicht neben ihr her.

Beschreibung eines Radrennens
»Wie ein Klumpen Trauben rasten die Renner heran« (Gerd, 12).

Bürohochhaus zur Adventszeit
An einem Abend im Dezember brannte hinter einigen Fenstern des Bürohochhauses noch Licht. Vater und Sohn schauten hinauf. »Gell, Baba, das is wie'n Adventskalender. Die hellen Fensterchen sind schon offen und die dunklen sind noch zu.«

Schneereste
Alte Schneereste im Großstadtbahnhof. »Der Schnee sieht an manchen Stellen aus wie angebranntes Plastik« (Junge, ca. 10).

Der Galgen
Ein Beispiel aus früheren Zeiten: Der Vater von Friedrich Schiller (1759–1805) berichtete: »Er hat einen Galgen bei Scharndorf, als Mama mit ihm nach Schwäbisch Gmünd gefahren, einer Mausefalle verglichen, weil er vor diesem Mäusefallen gesehen, die einem Galgen glichen.«

Firmament und Himmelskörper

Woraus besteht der Himmel?
Ein Mädchen blickte zum Himmel empor: »Wir wohnen alle in einem blauen Ballon.«
Andere Kinder meinten, der Himmel sei aus Stein, er sei ein Gewölbe aus hart gewordenen Wolken oder ein blaues Gartenbeet.

Die blaue und die weiße Luft
Auf die Frage, wieso der Himmel blau sei, erhielt Bubi (5; 8) die Antwort, daß die Luft über der Erde blau sei. Er wandte ein: »Das hat doch kein Sinn! Neulich haste gesagt, die Luft is dorchsichtig und hat keine Farbe, und dann, wies mal kalt war, is aus dem Mund von Leuten so was Weißes rausgekommen, da haste gesagt, das is Luft – und jetzt sagste, die Luft is blau!«

Gewölbe übereinander
Karl Philipp Moritz (1757–1783) über den zehnjährigen »Anton Reiser«: »Wenn oft der Himmel umwölkt und der Horizont kleiner war, fühlte er eine Art von Bangigkeit, daß die ganze Welt wiederum mit eben so einer Decke umschlossen sei wie eine Stube, worin er wohnte, und wenn er dann mit seinen Gedanken über diese gewölbte Decke hinausging, so kam ihm diese Welt an sich viel zu klein vor, und es deuchte ihm, als müsse sie wiederum in einer andern eingeschlossen sein, und das immer so fort.«

Auf dem Himmel liegen
Rötlicher Abendhimmel über der Stadt.
Natascha (5; 10): »Ich wollte, der Himmel wäre hier unten.«
Vater: »Und dann? Dann könnten wir auf ihm fliegen.«
Natascha: »Ich würde mich drauflegen.«

»Der Himmel ist dünn«, sagte ein Kind. Warum? »Damit Sonne, Mond und Sterne durchscheinen können.«

»Die Sonne fließt« (Junge, 5; 6).

Die Sonne geht unter
Der erste Sonnenuntergang am Meer: »Warum hat es nicht gezischt?«

Ein Junge (5; 2) betrachtete ein Bild, das einen Sonnenuntergang am Meer darstellte: »Ach«, rief er verwundert, »die liebe Sonne fällt ja ins Wasser, wird da das Wasser sie nicht auslöschen?«

Wo ist die Sonne nach dem Untergehen? Ein kleines Bauernmädchen antwortete: »Sie liegt da weit hinten unter den Bäumen, und Engel geben auf sie acht.«

Die Sterne vom Himmel holen
Ernst (7): »Wenn man wissen will, wie's auf einem Stern aussieht, nimmt man einfach einen ganz langen Strick und macht einen eisernen Haken dran, wie ein Anker so ein Haken. Dann wirft man den Haken auf den nächsten Stern, daß er festhakt, und dann kommt was Schwieriges – alle alle Menschen auf der ganzen Erde müssen am Strick ziehen und ziehen den Stern runter.«

Mond und Halbmond
Was der Mond sei – darüber gibt es unterschiedliche Meinungen: zusammengeballte (Abendrot-)Wolken, aufgehäufte Blitze, ein Stein, die verwandelte Sonne oder eine kleine Wolke, die durch Feuerwerkraketen Feuer gefangen hat.

Der Halbmond – was kann das sein? Ein junger, zerbrochener, zerschnittener, angebissener, abgenutzter, zur Hälfte im Himmel steckender, zur Hälfte auf die Erde herabgefallener, zur Hälfte in den Tag abgewanderter Mond oder ein Mond, der sich zur Seite gedreht hat, um auch anderswo Licht zu geben.

Nachts beim Nachlegen des Lagerfeuers: »Soll das Feuer zum Himmel fliegen, dort werden daraus Sonne und Sterne.«

Licht und Schatten

Die versteckte Dunkelheit
Morgens beim Aufstehen: »Wo geht das Dunkel hin? In die Erde« (Lutz, 3).

Wolik (5) blickte in eine tiefe, auf dem Grunde finstere Grube: »Jetzt weiß ich, wo sich die Nacht am Morgen versteckt.«

Sehen können
»Kann man mit dunklen Augen sehen?« (Max, 3; 3)

»Warum sehen wir mit zwei Augen nicht zwei Dinge?« (Junge, 3; 9)

Blicke kreuzen
Eine Erwachsene entsinnt sich: Als kleines Mädchen »habe ich mich gefragt, wie es möglich sei, daß zwei Blicke, die sich kreuzen, nicht an einem bestimmten Punkt aufeinanderprallen (...) Ich habe mich auch gefragt, weshalb man den Blick eines anderen Menschen nicht spürt, auf der Wange beispielsweise, wenn man uns auf die Wange blickt.«

Schattenstrahlen
»Die Sonne geht durch einen durch – und hinten kommt sie als Schatten wieder heraus« (Johannes, 7).

Schattenexperiment
Erinnerung eines Erwachsenen (er war »noch sehr klein«): »Ich erinnere mich genau, wie ich merkte, daß es etwas gibt, das es doch nicht gibt. – Ich sah in unserem Garten auf einem grauen glatten Stein den zierlichen schwarzen Schatten einer Grasrispe, ohne ihn aber als Schatten zu erkennen. Ich nahm den Stein auf: Da war er leer, es war weg. Erschrocken legte ich ihn wieder hin: Nun war es wieder da! Noch mal: Wieder hoch – wieder weg! Nun machte ich den Versuch: Ich legte den Stein wieder hin (da war es wieder), nahm ihn aber nun in beide hohle Hände (so wie wenn eine Raupe darauf säße), trug ihn weit weg und guckte dann ganz vorsichtig durch die Ritze zwischen den Fingern: Doch weg! – Damals habe ich wohl resigniert.«

Schattenspiele
Der eigene und fremde Schatten lädt ein zum Spielen. Kinder wollen zum Beispiel auf der Straße ihrem Schatten weglaufen, trennen sich von ihm kurzzeitig durch Hochhüpfen, springen über den Schatten anderer Leute oder trampeln absichtlich darauf herum. Steffi (5; 8) fragte mich mit schelmischem Vergnügen, ob es weh tue, wenn sie auf meinen Schatten trete, ich solle »au« sagen; wir sollen mit unseren Schatten zwei Körper mit nur einem Kopf bilden und so fort.

Der Schriftsteller Peter Hille (1854–1904) notierte: Die Kinder »genossen ihren wachsenden und abnehmenden Schatten, dem sie den Kopf zu zertreten sich bestrebten, als handle es sich um jene alte Schlange«.

Der unheimliche Begleiter
Ein Kind will abends die Treppe hinaufgehen, sieht seinen unheimlich sich erhebenden Schatten, zögert, bleibt stehen und läuft schnell wieder die Stufen hinunter.

Die Natur des Lichtes
Die Schreibtischlampe, von Theodor (5; 2) aus Versehen hinuntergeworfen, war wieder repariert.
Theodor: »Wenn die Lampe kaputtgeht, dann geht aber die Natur des Lichtes nicht kaputt.«
Vater: »Was ist denn die Natur des Lichtes?«
Theodor: »Das Tageslicht.«

Warum wird es dunkel?
Bubi (3; 6) blickte in die Abenddämmerung hinaus und fragte: »Wer macht denn immer das Finster?«
Antworten von Siebenjährigen: Die Nacht ist »eine schwarze Wolke, die den weißen Himmel verdeckt«; Nacht ist es, »weil der Himmel durch die großen schwarzen Wolken verstopft ist, die kommen.«

Leuchtende Augen
Im Vorschulalter ist die Auffassung verbreitet, daß die Augen eine Lichtquelle darstellen, daß sie wie zwei kleine Lämpchen in der Nacht ein wenig Helligkeit erzeugen.

Nachts im Auto in der Stadt: »Scheinwerfer haben gute Augen, gell, hundert gute Augen« (Steffi, 5; 2).

Das ausgefranste Licht
Es macht Kindern großen Spaß, in der Dunkelheit Lichtbalken und Lichtbewegungen mit einer Taschenlampe zu erzeugen. Anna (ca. 7) beobachtete, daß das »Licht ausfranste«, wenn man den Lichtkegel auf entfernte Gegenstände richtete.

Das elektrische Licht und der Mond
Großmutter, 1900 geboren, entsann sich an das Jahr 1910: »Wir haben elektrisches Licht bekommen. Wie ich es zum ersten Mal anknipse, bin ich erschrocken. Es

hat den Mondschein auf meinem Bett umgebracht. Der hat es auch sonst schwer, aber das ist nicht so schlimm. Wenn eine Wolke vorübergeht, verkriecht er sich wie eine Maus im Moos, lebt aber weiter, zugedeckt. Scheint noch ein bißchen darunter heraus und wartet. Man kann ihn auch mit einer Kerze oder Petroleumlampe umschleichen, dann bleibt er doch liegen, wird nur etwas matter (...)
Aber das Elektrische hat ihn zugeschüttet.
Ist es, weil dies kalte Licht so plötzlich herangeschossen kommt, daß der Mondschein sich nicht mehr wehrt, wie beim langsamen Hellerwerden von Kerze und Lampe?
Oder weil es so gewaltig hell ist, daß das darunterliegende Sanftere sich nicht mehr erkennen läßt, trotzdem es vielleicht noch da ist?
Wenn ich das Elektrische wieder ausknipse, kommt das Mondlicht langsam zurück. Ist es noch das gleiche wie vorhin? Oder hat der Mond neues vergossen an die leere Stelle?«

Sonne bei Nacht?
»Lieber Gott, warum läßt du die Sonne nicht bei Nacht, wo wir sie doch am ehesten brauchen?« (Barbara, 7).

Niederschläge und Luftströmungen

Es regnet
Wenn es regnet, »schmelzen« oder »schwitzen« die Wolken (ca. 9).

»Wenn's regnet, wird der Wind naß« (Max, 2; 10).

Wie kommt das Wasser in die Wolken?
Weil in manchen Nächten »die Wolken auf das Meer hinuntergehen und Wasser aufnehmen« (ca. 9).

Springbrunnen
Ein Junge (3; 2) sieht längere Zeit durch das Fenster auf die Regenwolken. »Ach Mama, willste mal mit mir da oben spazieren gehn, wo die Wolken sind? Wenn wir da im Wasser schwimmen?« Auf die Frage, ob er denn

Regen. Die Wolke schützt das Haus vor Regen.

glaube, daß da oben Wasser sei, verbesserte er sich: »Nein, nein, da is ja bloß ein Springbrunnen.«

Kommt der Rost vom Himmel?
Ein Knabe (4; 3) hat seine Schere verrostet auf dem Balkon gefunden: »Ist im Regen Rost drin? Kommt der Rost vom Himmel?«

Die Fische in der Regentonne
Überlegungen, wie Fische in die Regentonne im Garten bei Tübingen kommen könnten: »Die steigen vom Meer hoch, kommen mit den Regenwolken her, fallen aufs Dach des Gartenhäuschens und dann in die Tonne« (Max, 5; 8).

Nebelbildung
»Es hat viel Luft, die kommt. Sie legen sich auf einen großen Haufen« (8; 2).

Blitz und Donner
Die Wolken sind »Rauch, der vom Blitz kommt« (Junge, 7; 6). Der Blitz bringt die Wolken zum Dröhnen und dann zum Platzen (ca. 8), oder umgekehrt, das Zerreißen der Wolken erzeugt das Aufblitzen (ca. 9).

»Du hast gesagt, der Blitz, der durch die Wolke geht, ist Feuer – nu, aber die Wolken sind doch naß, da geht doch das Feuer aus« (Junge, 4; 10).

Arnhild (5; 1): »Wie kommt denn der Donner?« Mutter: »Da stoßen die Wolken zusammen, wenn der Blitz hindurchgeschlagen hat.« Arnhild: »Sind denn Wolken hart?«

Regenbogen
»Da regnet es Blumen vom Himmel.«

Es schneit
Der Schnee »kommt vom Himmel, dann ist der Himmel zu Flocken zerfallen« (ca. 6).

Angesichts des Schneetreibens: »Wo's Sommer war, da is der Schnee ganz hoch gefallen, und jetz, wo Winter is, da fällt der Schnee wieder ganz runter« (Bubi, 3; 7).

Wer bringt den Wind zum Wehen?
Kindern scheint es nicht selten so, als bewirkten die tanzenden Äste und wedelnden Blätter der Bäume das Wehen des Windes. »Die Bäume machen den Wind.« – »Hier weht der Waldwind.«
»Der Baum macht so windig, unartiger Baum, du sollst doch nicht so windig machen!« (Bubi, ca. 3)
Auf einem Platz ohne Bäume: »Nein, es kann doch gar kein Wind sein, der Wind hat doch keine Blätter zum Windigsein« (Bubi 3; 8).
Als der Wind ein Fenster auf- und zuklappte, fragte Bubi (4; 1) ängstlich, was das wäre. Er wollte nicht recht glauben, daß es der Wind sei, denn er meinte, der Wind wäre doch nicht so hoch wie das Haus. Bubi glaubte noch immer, daß der Wind seinen Wohnsitz im Baum habe – und die Gartenbäume reichen nicht zum Fenster hinauf.
Andere Kinder meinen, der Wind wird durch die ziehenden Wolken angeschoben.

»Wohin geht aller Wind?«

Was tut der Wind, wenn er nicht weht?
Eine Frau erinnert sich, daß sie als 7jährige gefragt hat: »Was tut der Wind, wenn er nicht weht?« Ihre Antwort: »Wenn er schlafen möchte, dreht er sich mit seiner langen Schleppe im Kreise, immer langsamer, und legt sich unter den Busch. Unter jedem kann er liegen.«

Das Flüssige

Beim Anblick einer Regenlache in der Stadt: »Da hat jemand die Suppe vergossen« (ca. 3).

»Mutti, warum sieht man die Tropfen im Wasser nicht?« (Dieter, 4; 10).

»Warum macht der Stein kein Loch ins Wasser?«

Ein Mädchen (5; 3) bekommt erklärt, daß die Wolken aus lauter kleinen Wassertröpfchen beständen. »Warum sind dann die Wassertropfen nicht weiß?«

»Das Meer – das ist mit einem Ufer, der Fluß mit zweien.«

»Wohin geht das Meer« (wenn es sich zurückzieht)?

Das raschelnde Wasser
Vor einem Springbrunnen: »Sieh mal, wie das Wasser raschelt.« (Junge, 4) Ein ungefähr 13 Jahre altes Mädchen: »Das Wasser glänzt wie Sternchen, die in den Trog nieseln.«

Mineralwasser
Lutz (3) sieht in der Mineralwasserflasche die Bläschen steigen. »Da regnet's umgekehrt.«

Auftrieb
Judiths (4) »Bein wird so schwer«, wenn sie es aus dem Badewasser rausstreckt. Die Badepuppe wird auch schwer nach dem Baden. »In der Puppe ist Wasser. Vielleicht ist bei mir auch Wasser reingelaufen.«

Das nassere Wasser
Nach dem Schwimmen im Hallenbad: »Das Wasser war heut nasser als sonst!« (Nicole, 8) Das Wasser scheint etwas wärmer als üblich gewesen zu sein. Außerdem hat Nicole öfter Wasser geschluckt.

Wachsen und Reifen

»Mit was zieht sich die Blume (die gegossen wurde) das Wasser rauf?« (Junge, 2; 3).

Ein Knabe (4; 5) streute den Blumen in der Vase zusätzlich Brotkrumen ins Wasser.

»Warum wächst eine Blume so schnell groß, ein Tier aber so langsam?« (Hilmar, 5; 10)

Blume. Die Punkte sind keine Bienen, sondern »der Duft«.

Mittagssonne
Zur Frage, warum die Bäume auch an Steilhängen senkrecht nach oben wachsen: »Gell, das ist, weil die Sonne nur mittags die Bäume antreibt« (Max, 6; 9).

Die unreifen Äpfel
Bei einem Spaziergang sammelte Bubi (4; 3) unreifes Fallobst und wollte es zu Hause in seinen Kasten pflanzen. Er meinte, die Äpfel wären in einigen Tagen reif. Als ihm nun gesagt wurde, Äpfel würden nur reif, solange sie noch am Baum hingen, ging er heimlich daran, einen Bindfaden in kleine Stücke zu zerschneiden. Er bat die Mutter, die Bindfäden an den Stengeln der Äpfel festzuknoten. Auf die Frage, wozu das gut sei, erklärte er, daß er sie draußen auf dem Balkon am wilden Wein aufhängen wolle. Dort sollten sie weiter wachsen und reif werden.

Vom Wachstum der Steine und Berge
Sechsjährige meinten, die Steine auf den Feldern seien aus »Körnern von Steinen« gewachsen und die Berge seien emporgewachsen, nachdem man Steine eingepflanzt habe.

Die alten Steine
Ein Kind (ca. 6) kam an großen, dunkelgrauen, leicht bemoosten Steinen vorbei: »Sieh mal, die sind noch aus der Steinzeit.«

Hautfarben

Nachdenken über die dunkle Hautfarbe: »Nehmen die Neger immer schwarze Seife, wenn sie sich waschen?« (Junge, 4; 9)

Theodor (5; 6): »Haben die Eskimos eine andere Farbe als wir?«
Vater: »Warum glaubst du das?«
Theodor: »Die Neger sind schwarz und bei den Eskimos ist es so kalt – sind die Eskimos blau?«

Der Schall

Im Dunklen hören
Abends im Bett: Theodor (5; 1): »Hört man im Dunkeln schlechter als im Hellen?«
Mutter: »Nein, warum meinst du das?«
Theodor: »Ja, weil es im Dunkeln so durcheinandergeht.«

Das alte Geräusch
Der Sohn (6; 5) hat aus Blech und Drähten einen Rasierapparat gebaut und will damit den Vater rasieren: »Der Rasierapparat ist uralt, deshalb macht er ein ganzes altes Geräusch.« Der Junge macht dazu einen stotternden Brummton.

Das große Lied
»So ein großes Lied hat der Piepmatz (Kanarienvogel) eben gesungen«, sagte Bubi (5; 1) und hielt die Hände einen halben Meter auseinander.

Den Ruf apportieren
Ein Erwachsener erzählt: »Ich war etwa zehn. Rowdy, der junge Schäferhund, rast über die Wiese davon. Sein Herrchen ruft ihn zurück. Aber Rowdy scheint es nicht zu hören. Er saust noch schneller weiter. Nicht zu gehorchen kommt Rowdy nicht in den Sinn (...) Wo also ist der Ton geblieben? Die fliegenden Ohren haben sich gestellt, und nun glaube ich es zu wissen: Er rennt dem Ruf nach. Der hat ihn überholt, ist ihm aber nur von hinten über die Ohren gefahren; dann, noch immer schneller als der Hund, ihm vorausgelaufen, bis er ermattete und Rowdy ihn hatte. Der kehrt dann gleich um und bringt ihn dem Herrchen zurück und ›lacht‹, und es geht von vorn los.«

Die schweren Töne
Eine Frau erinnert sich an einen Spaziergang, als sie 4 oder 5 Jahre alt war: Das Kind wirkte in der Hitze schon etwas erschöpft. Die Mutter war ein wenig besorgt, aber die Tante meinte, solange es noch Mundharmonika spiele, gehe es ihm gut.

Das Kind wußte es anders: Die Harmonika hat in der Kleidertasche so schwer gezogen. Da ließ das Kind ein paar Melodien heraus, damit sie leichter wird.
Etwa um dieselbe Zeit fuhr das Kind mit seinen Eltern auf einem Vergnügungsdampfer, und als die Bordkapelle einsetzte, hing es sich rasch über das Geländer und guckte an die Wasserlinie in der Überzeugung, das Schiff müsse sich heben in dem Augenblick, da die Musik aus ihm herausstieg.

Das Pfeifen
Gabriele (6; 5), die den ganzen Tag pfeift: »Wie kann man eigentlich pfeifen?« Die Mutter versucht es zu beschreiben: »Die Luft macht einen Ton, wenn sie durch ein kleines Löchlein schlüpft.« Gabriele: »Aber woher weiß denn die Luft, was für ein Lied ich pfeifen will?«

Das Hören
Almuth (knapp 6) beschreibt und zeigt ihrer Mutter, wie man hört:
A: »Ich kann alles hören, was ich sage (...) Das geht hier vorn (Mund) raus und geht da (Ohren) gleich rein.«
M: »Und was machen wir mit mir? Ich bin doch auch noch da.«
A: »Dann krieg ich eine Hälfte hierher *(ihre Ohren) und du kriegst die andere Hälfte* dahin *(Mutters Ohren).«*
M: »Ja, und wenn der Vater auch noch im Zimmer ist?«
A: »Dann krieg ich eine Hälfte von der Hälfte, und der Vater kriegt die andere Hälfte von der einen Hälfte, und du kriegst die ganz andere Hälfte.«

Erdanziehungskraft

Besorgt schaut ein Kind (ca. 4) zu den fliehenden Wolken empor: »Sie werden doch nicht runterfallen!«

»Is in der Wolke Gas drin, damit sie fliegen kann?« (Marcel, 5; 2)

»Warum fällt der Mond nicht runter?« – »Hat der Mond Flügel?«

Die Erdkugel
Stephanie (9; 2) deutet an, daß sie die Erde für eine Scheibe hält. Der Vater klärt sie auf, daß die Erde eine Kugel mit einem Umfang von ungefähr 40 000 km sei. Stephanie: »Wenn man da sehr lange gegangen ist, fällt man irgendwo runter.«

Wir kleben nicht an der Erde
Dem Jungen (5; 10) wurden mit Hilfe eines Balles, auf dem Männchen aus Knetmasse festgeklebt waren, Gestalt und Bewegung der Erde vorgeführt. Zunächst fragte er, ob denn alle Menschen bloß oben auf der Erde wohnten. Mit dem Hinweis, daß auch auf der anderen Seite Menschen lebten, wurde der Ball so gedreht, daß die Männchen mit dem Kopf nach unten standen. »Ja, aber wir sind doch nicht aus Knet und kleben doch nicht an der Erde dran, wir würden doch runterfallen.«

Nächtliche Absturzgefahren
Erinnerung einer Studentin: Als sie gerade in die Schule gekommen war, durfte sie einmal zusehen, wie der Lehrer den Älteren an einem Globus demonstrierte, wie sich die Erde einmal an jedem Tag herumwälzt. Sie erwartete nun voller Angst die Nacht, in der sie nach unten zu hängen und abzustürzen fürchtete. Es schien ihr zu helfen, daß sie sich an ihrem Bettgestell festklammerte, denn es geschah nichts Gefährliches.

Ein anderes Mädchen dachte bei dieser Gelegenheit nicht nur an sich selbst, sondern bezog das ganze Mobiliar des Schlafzimmers in ihre Überlegungen mit ein. Würden die Möbel herumrutschen, von der Decke fallen? Leider blieben die möglichen nächtlichen Veränderungen des Interieurs unentdeckt, weil es dem Mädchen trotz aller Bemühung nie gelang, wach zu bleiben oder zum richtigen Zeitpunkt aufzuwachen.

Geometrische Optik: Nahes und Fernes; scheinbare und relative Bewegung

»Die Sonne hängt aufm Baum« (Junge, 4; 8).

»Warum wackelt die Sonne, wenn ich schaukle?« (Max, 4; 4)

Die Sonne läuft über Berge.

Sonne und Mond laufen mit
Beim Autofahren: »Die Sonne läuft mit den Sonnenbeinen auf dem Himmel mit« (Max, 4; 8).

»Ach, der Mond saust mit uns im Zug. Er möchte auch nach Italien.«

Sonne und Mond folgen den Menschen, aber die Sonne ist dabei behäbiger: »Denn wenn man läuft, läuft der Mond auch, und die Sonne, die geht, wenn man läuft« (Junge, 6).

Wenn wir spazierengehen, »rollt der Mond mit uns, weil der Wind ihn antreibt« (Junge, 6; 6).

Konfrontiert mit der Frage, was der Mond tut, wenn die Leute in verschiedene Richtungen gehen, sagte ein anderer Junge: »Er bleibt stehen, und die Strahlen folgen uns.«

Auf dem abendlichen Heimweg von den Großeltern: »Der Mond geht mit. Die Bäume laufen zur Großmutter« (Junge, 3; 6).

Der vergessene Mond
Wir wanderten und spielten auf der Schwäbischen Alb bei aufgehendem Vollmond. Nach der Rückkehr begann ein kleiner Junge (2; 10) bitterlich zu weinen, weil wir den – jetzt nicht mehr sichtbaren – Mond »auf der Alb vergessen« haben und »holen müssen«.

Der abgeschleppte Mond
Beim Zubettgehen war die tief hängende Mondsichel plötzlich verschwunden. Der Junge (5; 3) überlegte und rief aus: »Ich weiß, warum – ein Auto hat ihn weggezogen.« Der Junge hatte vorher, im Auto fahrend, beobachtet, daß »der Mond immer ganz neben dem Auto bleibt – wie ein Magnet«.

Die zurückkehrenden Bäume
Uwe (3) fuhr in der Abenddämmerung mit im Auto und sah die vorübereilenden Obstbäume: »Gelt, wenn's dunkel ist, gehn die Bäume in den Wald.«

Die wandernden Bäume
Der Abenteurer Giacomo Casanova (1725–1798) reiste als 9jähriger mit einem Flußschiff, auf das er nachts gebracht worden war. Morgens sah er vom Bett aus durch die kleinen Fenster. Es »setzten mich die Bäume, die rasch vor meinen Augen vorbeizogen, in Erstaunen. ›Ach liebe Mutter‹, rief ich, ›was ist denn los? Die Bäume wandern ja!‹ (…) Meine Mutter seufzte und sagte mitleidig zu mir: ›Das Schiff bewegt sich und nicht die Bäume‹ (…) Ich begriff augenblicklich, wie diese Erscheinung zustande kam, und mit meinem (…) ganz unvoreingenommenen Verstand dachte ich folgerichtig weiter. ›Dann ist es also möglich‹, sagte ich zu ihr, ›daß sich auch die Sonne nicht bewegt, sondern daß wir es sind, die von Westen nach Osten wandern‹. Meine gute Mutter jammerte über soviel Dummheit«

Zwei Geschwindigkeiten eines Zuges
Sie fahren in der Eisenbahn. Links sind nahe Waldbäume, rechts weit entfernte Hügel. Das Mädchen (ca. 7), in der Mitte des Wagens sitzend, guckt bald nach links, bald nach rechts, und wundert sich: »Da drüben fährt der Zug ja viel schneller als auf der anderen Seite!«

Sich verkleinern
In der Straßenbahn guckte ein etwa 7jähriges Mädchen zum hinteren Fenster hinaus und rief entzückt beim Anblick eines entgegengesetzt fahrenden Zuges: »Die Straßenbahn wird immer kleiner!«

Herbstblätterschwärme
Erinnerung einer Frau: Wenn sie als Kind in einem Buchenhain »vor dem glasblauen Herbsthimmel die goldblinkenden Blätter in Scharen vorübersegeln sah«, dann wunderte es sie, »daß die nahen so sausten, sich eilten vorbeizukommen, und die ferneren nur langsam schwärmten«. Statt umgekehrt: Die ferneren hatten doch den weiteren Weg, und die nahen hätten sich Zeit lassen können. Denn vorn ist wenig Platz und hinten viel. Sie suchte deshalb die Ursache bei sich selbst: daß sie dabei *war* und zusah. *Ist es etwa wie bei den Vögeln? Die machen auch, daß sie wegkommen, wenn ihnen das große Menschenauge* nahe *ist.*

Zwerge
Christof (5) sah vom hohen Kirchturm herunter: »Schau mal, da unten sind richtige Zwerge!«
Blick vom Berg ins Tal: »Lauter Spielzeughäuser!« (Mädchen, ca. 8).

Die Riesenameise
Vom Berggasthof aus schauen die Leute einem Kletterer hoch oben im Fels zu. Ein Junge (ca. 9): »Papa, der schaut aus wia a Riesenameise!« Der Vater schüttelt den Kopf; der Junge verbessert sich: »wia a hoiberte (halbe) Riesenameise!«

Löcher im Himmel
Ein Kind sah durch die Baumwipfel des Waldes den Himmel und fragte: »Sind das lauter Löcher im Himmel?«

Der Sprung des Armes
Eine Frau erinnert sich: Sie liegt als ungefähr Vierjährige im Garten auf dem Bauch, einen Arm ausgestreckt. Wenn sie abwechselnd das linke und das rechte Auge

schließt, sieht sie etwas, das sie verwundert, ja erschreckt: Der Arm bewegt sich, springt hin und her, ganz schnell, ohne doch selbst *etwas davon zu spüren. Bewegt er sich wirklich?*
»Ich muß genauer hinsehen, ohne daß der Arm es merkt«, denkt sie. Sie lauert ihm auf: Ganz langsam macht sie das eine Auge zu, während das andere aus einem schmalen Spalt hervorlugt und aufpaßt: Immer ist es schon geschehen!
Nun legt sie Steinchen auf den Arm, nicht flache, sondern kleine, rundliche. Die müßten, kalkuliert sie, bei der leisesten Bewegung abfallen. Sie tun es nicht.

Die Zeit

Die schwierigen Begriffe
»Ist heute morgen?« (3; 6) Was weit zurückliegt, ist »ganz weit morgengestern«. (3; 7) »Mittagabend« ist der letzte Abend vor dem Weihnachtsabend. (ca. 3) »Oma, was ist das heut für ein Montag: Sonntag oder Dienstag?«

Die Zeit beschleunigen
Noch einmal schlafen – dann kommt die geliebte Tante zu Besuch. Damit sie eher kommt, will das Kind schon nachmittags zu Bett gehen.

Lewa (5) weiß, daß die Mutter bei einer bestimmten Uhrzeigerstellung zurück sein wird. Er kann es nicht erwarten, klettert auf den Stuhl und dreht den Zeiger.

Tanja in Moskau riß emsig Blatt auf Blatt von einem Kalender ab: »Ich will den ersten Mai machen. Dann gehen wir zur Demonstration.«

Der fertige Uhrzeiger
Ein Junge (3) weiß, daß bei einer bestimmten Zeigerstellung auf der Uhr das Kinderfernsehen beginnt. Er erinnert die Mutter: »Der Zeiger ist fertig, jetzt ist Kinderstunde.«

Die Länge der Zeit
»Wie lange dauern 40 Minuten?« (Mädchen, etwas über 4).

Ein Junge (5) will wissen, wie lange eine Stunde dauert, und hält die Hände etwa einen halben Meter auseinander: »Ist eine Stunde so lang?«

Stephanie (10; 10) beklagt sich: »Die Tage verbrausen so schnell. Da ist es besser, es ist langweilig. Dann dauert es länger.«

Das Alter des Christkindes
Michael (4) fragte am Weihnachtsabend: »Und wie alt wird das Christkind heuer?«

Schneller und langsamer älter werden
Ein Mädchen (4) will einen Jungen heiraten. »Aber du bist doch ein Jahr älter«, wird spaßeshalber eingewandt. »Macht nix. Wir lassen meinen Geburtstag mal aus und sind dann gleich alt.«

»Wenn jeder seinen Geburtstag immer am gleichen Tag hat, wie wird dann irgendeiner älter als irgendein anderer?« (Natasha, 6; 2)

Ruckartiges Wachsen
Der Schauspieler Jean-Louis Barrault (geb. 1910) erinnert sich: »Mit vier Jahren war ich überzeugt, daß ich an meinem Geburtstag über Nacht enorm wachsen würde – wie Alice im Wunderland.«

Am Tag seiner Einschulung band sich Felix die Schuhe ohne weiteres selbst zu, »weil heute meine Arme lang genug gewachsen sind«.

Weltraum und Zeit
Ein Siebenjähriger: »Um zu irgendeinem Planeten zu fliegen, braucht man 169 Jahre. Aber damit ein Mensch wirklich da hinfliegt, muß er unterwegs heiraten und Kinder haben, die auch hinfliegen. Aber können denn Kinder in der Atmosphäre (meint: im luftleeren Raum) geboren werden?«

Fliegende Zeit
Ein Junge (7; 10) warf seine Armbanduhr durch die Luft, weil er »die Zeit fliegen sehen wollte«.

Nötigung durch Geschwindigkeitsmesser
Steffi (5) wurde gefragt, ob sie einen Tachometer an ihrem Fahrrad haben wolle. Ängstlich wehrte sie ab: »Ich kann die Kurven nicht so schnell fahren!«

Schneller rennen als die Zeit
Die Schriftstellerin Diana Kempff (geb. 1945) beschreibt die Überlegungen eines Mädchens: »Die Uhr schlägt. Jezz isses schon zu spät. Die sind schon alle beim Essen. Wennichbischen renn? Kommich auch zu spät, weil's ja schon zu spät is. Müßt ich so schnell rennen, dasses wieder früher wird. Dann geht's. Aber ich kann nich so schnell.«

Zurückschlafen
Iwan (5) fragte: »Mama, kann man zurückschlafen?« Die Mutter: »Wie zurück?« Iwan: »Morgens einschlafen und gestern abend aufwachen.«

Viel Zeit
»Ich stehe so früh auf, daß es noch spät wird.«

Die Tage kommen und gehen
»Wohin ist gestern gegangen? Wo kommt morgen her?« (Mädchen, 4)

Eine Junge (5; 8) blickte zum Himmel hinauf und zeigte mit entsprechenden Armbewegungen: »Dort oben kommt jetzt eine Nacht vom Himmel und noch mehr oben kommt dann der Tag und wieder weiter oben kommt die nächste Nacht und ganz hoch am Himmel kommt der Weihnachtstag.«

Als ein knapp Siebenjähriger erfuhr, daß in Amerika Nacht ist, wenn bei uns die Sonne scheint, fragte er: »Wo ist der Strich auf der Erde, wo die Nacht anfängt und der Tag aufhört?«

Freund und Feind
Ein kleiner Russe kommentierte den Hinweis, daß in Amerika Nacht ist, wenn in Rußland Tag ist: »Geschieht ihnen ganz recht, den Bourgeois!«

Das Jahr
Brigitte (4; 6) erklärte den Begriff »Jahr«: »Das ist eine lange Straße und das andere Jahr ist wieder eine Straße.«

Ein anderes Kind stellte sich ein Jahr als etwas Rundes vor, das die verschiedenen Festtage an sich hat und sie durch seine Umdrehung jeweils heranbringt.

In Friedrich Huchs (1873–1913) Roman »Mao« (1907) erschien dem Jungen das Jahr »wie ein Gang mit vielen Zimmern, die die Monate waren, und er dachte dabei an den ihm bekannten Gang im eigenen Hause. Die Sommermonate waren die sonnigen Stuben, die Wintermonate die dunklen gardinenlosen Hinterstuben.«

Erwachsenes Kind?
Zum Abschluß eine Anmerkung des Physikers Albert Einstein (1879–1955): »Der normale Erwachsene denkt nicht über die Raum-Zeit-Probleme nach. Alles, was darüber nachzudenken ist, hat er nach seiner Meinung bereits in der frühen Kindheit getan. Ich dagegen habe mich derart langsam entwickelt, daß ich erst anfing, mich über Raum und Zeit zu wundern, als ich bereits erwachsen war. Naturgemäß bin ich dann tiefer in die Problematik eingedrungen als ein gewöhnliches Kind.«

Kinder sind Philosophen ohne Weisheit und geben Anregungen zum Nachdenken

»Was sind Kinder anders als erste Menschen? Der frische Blick des Kindes ist überschwenglicher als die Ahnung des entschiedensten Sehers«, schrieb der Dichter Novalis (1772–1801). Das ist zwar übertrieben, aber im Kern wohl treffend. Weil Kinder Neulinge in der Welt sind, werden sie zu Weltentdeckern, neu-gierig, wissensdurstig und voller Tatendrang. Das unterscheidet sie von Erwachsenen, die viel wissen, vieles nicht wissen wollen und weise genug sind zu wissen, daß man vieles nicht wissen kann.
Wenn man den Begriff Philosophie frei von dem Kultur- und Bildungspathos benutzt, der ihm oft anhängt, ist es

nicht unrichtig, Kinder als ursprüngliche Philosophen zu bezeichnen. »Ein wunderbares Zeichen dafür, daß der Mensch ursprünglich philosophiert, sind die Fragen der Kinder«, schrieb der Philosoph Karl Jaspers (1883–1969). Jean Paul Sartre meinte, »für einen Philosophen sei es weit einfacher, einem anderen Philosophen einen neuen Gedanken zu erklären als einem Kind. Warum? Weil das Kind die richtigen Fragen stellt.« Auch der Psychologe Sigmund Freud (1856–1939) stellt sich auf die Seite der Kinder, wenn er uns auffordert: »Denken Sie an den betrüblichen Kontrast zwischen der strahlenden Intelligenz eines Kindes und der Denkschwäche des durchschnittlichen Erwachsenen.«

Die Verwandtschaft zwischen Philosophen und Kindern bestätigt der belgische Kulturkritiker und Kinderverächter Robert Poulet auf seine Weise, wenn er Philosophie als Spiel der Unreifen bezeichnet. »Die Philosophie ist eine Wissenschaft der Halbwüchsigen; denn sie ist die einzige, die der Erfahrung überhaupt nicht Rechnung trägt. Alle Philosophen sind in den Kinderschuhen steckengeblieben; in jedem Alter kindlich genug, ihr ganzes Leben und das unsere in dieses Spiel hineinzuziehen.«

Sicher, Kindern fehlt es an Erfahrung. Aber das unablässige Pochen auf (zufällige und nachher zurechtgemachte) Erfahrungen, dieses Wissen ein für allemal: Das ist es ja, was das Denken so mancher Erwachsener so eintönig und leblos erscheinen läßt.

Von Kindern hören wir Fragen, die uns oft gar nicht mehr kommen. (Wir wollen hier absehen von solchen Warum-Fragen, welche Kinder manchmal mechanisch, fast teilnahmslos zu ziellosen Frageketten aneinanderreihen.) Vor kindlichen Fragen ist nichts sicher, sei es Physik oder Metaphysik. Wenn wir uns angesprochen fühlen, haben wir die Fragen nicht nur kindgerecht für die Kinder, sondern auch »seinsgerecht« für uns selbst zu beantworten.

Ein Streiflicht von »le« im »Schwäbischen Tagblatt«, Tübingen, aus dem Jahr 1975:

»Kinder entdecken mit ungefähr drei Jahren ein Wörtchen, mit dem sie am Fundament der Erwachsenenwelt rütteln und sogleich die erzieherische Allgewalt grundlegend erschüttern können. Das Wörtchen heißt ›warum‹ und läßt sich beliebig mit jeder Erscheinung unserer Welt verbinden. Es verwandelt einen Spaziergang in eine endlose Reihe von Prüfungssituationen. Warum die Steinlach (ein Bach) so rum und nicht anders fließt, aber warum Wasser grundsätzlich von oben nach unten fließt, hat man sich nur in leidvollen Physikstunden überlegt. Warum heißt die Steinlach Steinlach? Man erfindet etwas von lachenden Steinen und erfindet eine ausführliche Geschichte, um so die nächste peinliche Frage einige Zeit zu verzögern. Aber wenn dann die Sagenphantasie endgültig erschöpft ist, kommt die nächste bestimmt. Warum das Gras grün ist, das hat wohl was mit Chlorophyll zu tun, aber das übersetze erst mal in eine kindgemäße Sprache. Warum es wächst? Gelegentlicher Regen und ein bißchen Erdboden sind eigentlich noch kein zureichender Grund. Warum der Boden bei dem Gras kein Schmutz ist, wo er doch als solcher beschimpft wird, sobald er an der Hose hängt? Achselzucken bringt nichts, denn jedes unbeantwortete Problem zieht neue Fragen nach sich. Warum machen die Männer ein Loch in die Straße? – Weil sie Arbeiter sind? Weil sie das müssen? Das alles sind nur Reizungen für neue Warums. Darum also frisch gewagt die kühne Formel aller wundgefragten Väter: weil das halt so ist! Die Folge freilich ist fatal: Warum ist das halt so? Da merkt man dann für einen Moment, daß sich unter den Warums nicht bloß kindliches Rätselraten geschickt verbirgt, sondern, daß damit der Alltag mit seinen tausend Selbstverständlichkeiten gründlich durchlöchert wird. Das Warum läßt nichts, was ist, als notwendig und natürlich gelten. Es macht gleichzeitig klar, daß alles, was ist, auch anders sein könnte. Warum fahren die Autos so schnell? Weil sie einen starken Motor haben. – Warum haben sie einen starken Motor? – Damit sie schnell fahren können. Die Rationalität der Erwachsenen entpuppt sich als irrational. Die Erwachsenen können sich die kindliche Warum-Penetranz nicht leisten, nicht nur weil sie verdammt wenig wissen, sondern auch, weil damit ihre Logik, die eben von dem Weil-es-halt-so-Ist bestimmt wird, auseinanderkrachen würde. Also gibt es ein frühzeitiges Warumverbot: Frag nicht so blöd! Das ist eine Art kindlicher Radikalenerlaß, mit dem das Bestehende als richtig und vernünftig geschützt wird. Denn vieles, was ist, kann sich die Frage, warum es so ist und nicht anders, gar nicht leisten.«

Für uns Erwachsene versteht sich vieles von selbst oder bleibt schlicht unbeachtet. Wir haben verlernt, immer wieder neu zu fragen. Die Kinder aber verlangen unentwegt Auskunft – auch zu metaphysischen Fragen nach dem Woher und Wohin der Menschen. Haben wir uns an all diese Rätsel gewöhnt?
Zuerst einige kindliche Äußerungen über das Denken selbst.

Vom Wesen des Denkens

Die Verstofflichung des Denkvorgangs durch kleine Kinder

Mit der Zunge denken
Hilde (4; 9) meinte, daß die Tiere »mit dem Maul« und die Menschen »mit der Zunge« denken. Was macht der Mensch, wenn er denkt? »Er spricht.« Und wo hat er die Gedanken? »Im Hals« oder »im Mund«.

Kind (Junge, 8; 3)

Gedankenwege
»Wie kommen meine Gedanken von meinem Gehirn zu meinem Mund, und wie bringt mein Gehirn meine Beine zum Gehen?« (Junge, ca. 5)

Wie sehen die Gedanken aus?
Frage an die Mutter: »Kannst du jetzt meine Gedanken sehen?« (Mädchen, 6)

Rolf (5; 9) sah in einem Anatomiebuch den Querschnitt eines menschlichen Kopfes, deutete auf das Gehirn und sagte: »Aber so sehen doch nicht die Gedanken aus!«

Erinnern und vergessen
Petra (ca. 6), die den Namen eines freundlichen Bekannten vergessen hat, der ihr Bonbons mitbrachte, fragte, wer ihr den Namen (aus dem Gedächtnis) weggenommen habe.

Das Gedächtnis (mit dem wir auch denken) ist »ein kleines Viereck, in einer Haut, ein wenig oval, und darin sind die Geschichten«. Diese »sind (mit Bleistift) auf das Fleisch geschrieben«, und zwar vom lieben Gott, der sie vor der Geburt hineingetan hat (Mädchen 8; 8).

Nach dem ersten Monat in der Schule zeigte Max, was er schon alles schreiben kann, und fragte dann, warum man schreiben können müsse. Zum Beispiel, um Dinge nicht zu vergessen, war eine Antwort. Der Junge: »Wenn man sich erinnert, hat man es im Kopf aufgeschrieben. Und wenn man etwas vergißt, dann ist die Farbe, mit der man es geschrieben hat, verschmiert.«

Denken: Abbilden oder Einbilden

Alles nur geträumt?
Über den 10jährigen Anton Reiser (erschienen 1785): »Weil nämlich seine Träume größtenteils sehr lebhaft waren und beinahe an die Wirklichkeit zu grenzen schienen, so fiel es ihm ein, daß er wohl auch am hellen Tage träume und die Leute um ihn her, nebst allem, was er sah, Geschöpfe seiner Einbildungskraft sein könnten. Dies war ihm ein erschrecklicher Gedanke.«

Abends im Bett: »Schlafen wir immer und träumen wir alles? Träum ich noch, wenn ich tot bin?« (Steffi, 6; 1)

Das Marionettentheater

Der Schriftsteller Heinrich Zschokke (1771–1848) erinnert sich: Es »setzte mich manches um mich her in Verwunderung, was sonst wenige rührte. Ich fragte mich und wohl auch Kameraden, warum und woher denn alles so wäre, wie es wäre, und alles ohne Zutun und Willen der Leute in beständiger Regelmäßigkeit komme und gehe, wie Tag und Nacht, Schnee- und Blumenzeit, Kirchen- und Schulstunde, Leichenzug und Wachtparade. Zuweilen glaubt' ich, die Welt sei ungefähr wie ein Uhrwerk, dergleichen ich schon gesehen hatte, worin sich die Figuren bewegen müssen, ohne es zu wissen und zu wollen. Fragt' ich darüber bejahrtere Personen, bekam ich entweder ungnädige oder unbefriedigende Antworten. ›Der liebe Gott hat das von Ewigkeit einmal so eingerichtet, du Dummkopf!‹ war der gewöhnliche Bescheid. Da dacht' ich eine geraume Zeit, die ganze Welt sei ein weites Marionettentheater, auf welchem sich Gott zu seiner Unterhaltung der Tiere und Menschen statt der Puppen bediene. Diese Vorstellung bildete sich zuletzt in die seltsame Grille aus, ich sei mit Gott in der Welt allein und sein Kind, er wolle mich aber noch erziehn, eh' ich zu ihm in seinen Himmel komme. Darum habe er das wunderbare Theater für mich gebaut, auf welchem sich Menschen- und Tiergestalten nur bewegen, wann ich zu ihnen komme, und reglos seien, wenn ich sie nicht sehe. Indessen stelle Gott die Figuren in der Geschwindigkeit wieder anders, um mich damit zu überraschen.«

Nur Punkte und Flecken?

Walt Whitman erinnert sich »an die Suche nach dem Sinn dessen, was wirklich ist, an den Gedanken, daß es sich schließlich als unwirklich erweisen könnte, an die Zweifel des Tages und der Nacht, das eigentümliche Ob und Wie, ob das, was so erscheint, auch so ist – oder ist alles nur ein Aufblitzen und hingetupft, die Männer und Frauen, die auf den Straßen hin und her eilen, was sind sie, wenn nicht Punkte und Flecken?«

Lauter Luft?
»Stimmt das, was ich seh, lauter Dinge?« fragte Stephanie (5; 6) und vergewisserte sich lächelnd, indem sie in die Luft griff: »Nämlich, wenn ich es anfasse und es wäre lauter Luft da!«

Die Dinge kommen und gehen
Sohn (5; 1): »Papa, sind alle diese Sachen hier. *Sehe ich alle diese Sachen richtig?«*
Vater: »Du kannst sie sehen und spüren. Sie sind immer da.«
S: »Nein, sie sind nicht immer da. Wenn ich an ihnen vorbeigehe, sind sie nicht da.«
V: »Wenn du dich umdrehst, sind sie immer am gleichen Platz.«
S: »Sie sind ganz lebendig. Sie gehen und kommen immer. Wenn ich ganz nahe zu ihnen gehe, kommen sie ganz nahe zu mir.«
V: »Ja, sind sie denn nicht immer am gleichen Platz?«
S: »Nein, ich träume sie nur, und sie kommen und gehen in meinem Traum.«
Darauf ging das Kind langsam durch das Zimmer, berührte die Gegenstände und sagte: »Schau sie an, wie sie kommen und gehen.«

Die Leere überrumpeln
Ein Mann erinnert sich des merkwürdigen Experiments, daß er sich oft blitzschnell umdrehte, um zu prüfen, ob die Dinge, an denen er vorbeigegangen war, noch da oder verschwunden seien.

Leo Tolstoi (1828–1910), der russische Schriftsteller, fühlte sich mit ungefähr 14 Jahren von keiner philosophischen Richtung »so ergriffen wie vom Skeptizismus; er versetzte mich in einen Zustand, der an Irrsinn grenzte. Ich bildete mir ein, daß die Gegenstände nicht Gegenstände, sondern Erscheinungen seien, die nur dann auftauchen, wenn ich meine Aufmerksamkeit auf sie lenke, und daß diese Erscheinungen, sobald ich nicht mehr an sie denke, verschwinden. (...) Es gab Augenblikke, in denen ich unter dem Einfluß dieser Zwangsvorstellung einen solchen Grad der Verrücktheit erreichte, daß ich mich manchmal mit einer überraschenden Wendung umdrehte in der Hoffnung, die Leere zu überrumpeln und sie dort zu entdecken, wo ich nicht war.«

»War die Welt schon vor mir da?« (Michael, 5)

Aus den Lebenserinnerungen einer Frau: »Ich durchlief damals eine Welt des Nachdenkens, ob es wirklich wahr ist, daß etwas vorhanden war und gelebt hat, ehe ich da war, es zu sehen.«

»Gott hatte doch nix, um die Welt zu erschaffen. Vielleicht ist alles nur Einbildung.«

Sicherheit
»Lieber Gott, wenn ich aufwache, bin ich froh, daß du alles an der Stelle gelassen hast, wo es war« (Carsten).

Das Unbekannte zählt nicht
»Warum gibt es so viele Dinge in der Welt, wenn niemand all diese Dinge kennt?« (Bernd, 4)

Denken verbindet
Während des Krieges fügte der Sechsjährige dem üblichen Gebet einen eigenen Text an: »Lieber Gott, mach, daß der Vati im Feld immer bei uns ist, auch wenn er nicht bei uns ist.« Auf die Frage der Mutter, wie das denn möglich sei: »Aber wenn er an uns denkt, dann ist er doch bei uns!«

Alles, was du weißt und denkst, hast du in dir drin
Der irische Mathematiker mit dem Pseudonym Fynn entsinnt sich eines Gesprächs mit der ca. siebenjährigen Anna:
»Wo bist du?« fragte Anna.
»Hier natürlich«, sagte ich.
»Und wo bin ich?«
»Dort.«
»Und wo weißt du das, daß ich dort bin?«
»Na, irgendwo in mir drin weiß ich das.«
»Dann hast du doch das, was in mir drin ist, auch in dir drin – oder?«

»Bißchen komisch, Fratz, aber vielleicht stimmt das.«
»Dann hast du Mister Gott, der in mir drin ist, auch in dir drin – oder? Und alles, was du weißt, und alle Leute, die du kennst, die hast du doch auch ganz in dir drin – oder? Sonst könnte man doch gar nicht denken. Das ist doch ganz einfach.«

In mir und außer mir
Dieselbe Anna kniete auf dem Straßenpflaster und malte einen großen roten Kreis auf die Steine.
»Stell dir vor, das bin ich«, sagte sie.
Dann malte sie lauter Punkte außen um den Kreis herum und etwa die gleiche Anzahl in den Kreis hinein. Ich sah interessiert zu.
»Ich erklär es dir«, sagte sie. »Guck mal den Baum dort an. Für den Baum hab ich hier draußen den Punkt gemacht. Und hier innen in dem Kreis ist noch mal derselbe Punkt, und das ist auch ein Baum, also der Baum in mir. Er ist in mir drin. In meiner Mitte.« (...)
»Und das da«, fuhr sie fort und malte noch einen Punkt innerhalb des Kreises, »das ist ein fliegender Elefant. Aber wo ist der fliegende Elefant außen? Fynn, sag mal?«
»Es gibt keine fliegenden Elefanten, und deshalb kannst du keinen außen malen«, erklärte ich.
»Richtig. Aber wie kommt dann ein fliegender Elefant in meinen Kopf rein?« Sie setzte sich auf die Fersen und starrte mich an.
»Wie etwas in deinen Kopf hineinkommt, weiß ich nicht, aber der fliegende Elefant ist pure Einbildung und keine Tatsache.«
»Und meine Einbildung ist keine Tatsache, Fynn?« Sie legte zweifelnd den Kopf schief.
»Klar, natürlich ist deine Einbildung eine Tatsache, aber was sich daraus ergibt, ist keine, ich meine, keine Realität.« Schon wieder gab es gewundene Erklärungen.
»Ja, aber wie kam der Elefant dann in meine Einbildung hinein?«
Sie klopfte mit der Kreide in den Kreis. »Wie kommt das, wenn draußen nichts ist? Wo kommt die Einbildung her?« (...)
Sie deutete mit dem kreideverschmierten Finger auf den

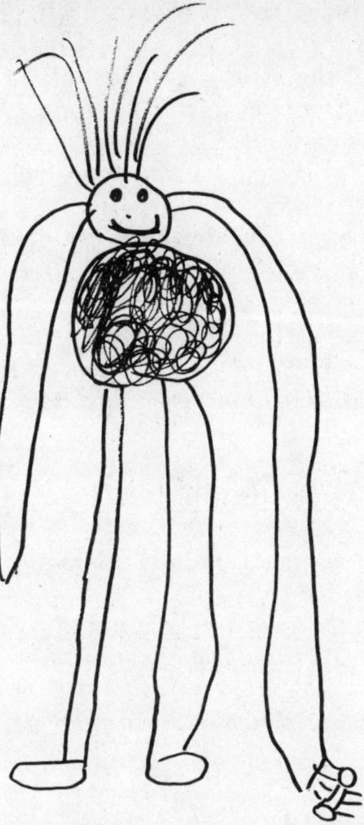

Mann mit langen Ohren, damit er Ameisen hört und die Ameisen ihm nicht in die Schuhe krabbeln. Rechts am Ohr eine Ameise. (Junge, 5; 4)

Mittelpunkt des Kreises und sagte leise: »Manchmal weiß ich nicht, ob ich eingesperrt bin oder ausgesperrt.«

Der gefräßige Hund und die Logik

Drei Kinder sahen einen sehr dicken Hund auf der Straße und meinten, er fresse wohl alles. Äpfel, Eier mit Schalen, Papier, Steine, Autos, Häuser. Nach dieser Steigerung ergibt sich folgendes Gespräch:

Steffi (5; 10): »Der frißt die ganze Welt, dann steht er plötzlich in der Luft.«
Max (7; 5): »Dann steht er auf dem Mond.«
Nino (ca. 7): »Der frißt auch den Mond.«
Max: »Das ganze Weltall.«
Steffi: »Wenn er die ganze Welt frißt, frißt er auch sich selbst.«
Nino: »Dann bleibt nur der Kopf übrig mit dem Maul.«
Max: »Dann kriegt der Kopf Flügel und saust rum. Das Weltall ist unendlich groß.«
Steffi: »Wie kann eine Welt größer als die Welt sein?«
Es endete in einer allgemeinen Alberei: Hüte fliegen auf den Mond, Autos bekommen Flügel usw.

Fragen zur eigenen Identität

»Warum bin ich nicht jemand anders?«

Ein Mädchen (3): »Warum ist Anni (die Schwester) nicht ich – und warum bin ich nicht Anni?«

»Mutti, bin ich wirklich oder nur wie meine Puppe?« (Maria, 4)

Das Geheimnis teilen
Aus einer Autobiographie: Nach einer unbestraft gebliebenen Lüge war der Glaube des Kindes an die Allwissenheit des Vaters dahin. Der merkwürdigste Gedanke dabei war, »ich hätte in mir selbst einen Gefährten und einen Vertrauten gefunden. Es gab ein Geheimnis in dieser Welt, und dieses Geheimnis gehörte mir und jemandem, der in meinem Körper lebte. Wir waren zu zweien und konnten miteinander sprechen.«

Bruder Leib
Isolde Kurz war ungefähr sechs Jahre alt: »Es mag in jenem Jahre gewesen sein, daß ich zum erstenmal meine eigene Bekanntschaft machte. Im großen Zimmer in Obereßlingen waren zwischen den Fenstern zwei lange schmale Wandspiegel eingelassen, die auf einem niedrigen, rings umlaufenden Sockel ruhten. Eines Tages, ob es

nun Wirkung der Beleuchtung oder sonst ein Zufall war, blieb ich plötzlich betroffen mitten im Zimmer stehen und starrte in einen dieser Spiegel, der mir mein eigenes Bild entgegenhielt. Ein leiser Schauder überlief mich, und ich dachte einen nie gedachten Gedanken: Also das bin ich! Zwischen Scheu und Wißbegier trat ich ganz nahe hinzu und musterte das schmale, durchscheinende Kindergesicht, das fast nur aus Augen bestand, aus großen, erstaunten Augen, die mich rätselhaft und forschend anblickten, wie ich sie: Also das sind meine Augen, meine Stirn, mein Mund! Mit diesem Gesicht, mit diesen Gliedern muß ich nun immer beisammen sein und alles mit ihnen gemeinsam erleben! – Dieser Frater Corpus, der ›Bruder Leib‹, den ich da plötzlich vor mir sah, schien mir aber keineswegs mein Ich zu sein, sondern ein eben auf mich zugetretener Weggenosse, mit dem ich jetzt weiter zu pilgern hätte. Und es kam mir vor, als wäre eine Zeit gewesen, wo wir zwei uns noch gar nichts angingen.«

Ein gut dreijähriges Mädchen machte einen Unterschied zwischen seinem Körper und sich selbst. Als es im Bett lag, schloß es seine Augen und sagte: »Mama, du kannst mich nicht sehen.« Die Mutter erwiderte: »Oh, du Gänschen, ich kann dich sehen, aber du kannst mich nicht sehen.« Darauf das Kind: »Du kannst meinen Körper sehen, aber du kannst mich nicht sehen, Mama.«

Engel und Teufel
Zwei Jungen (4 und 6) hatten Phantasiegestalten des braven Kindes und des bösen Buben erfunden, die sie als gutes und schlechtes Vorbild außer sich empfanden und doch auch mit sich identifizierten. Jeder hatte seinen geheimnisvollen »Hans«, der alles Unartige rät und tut, alles kaputtmacht, schreit, hinfällt und stets dreckig ist – und als Ausbund aller Tugend das »Schleifle«, das immer brav, freundlich und sauber ist. »Mein Schleifle hat gleich gesagt, ich soll's nicht tun, aber natürlich der Hans…«

Bubi (ca. 4) unterschied bei sich einen artigen und einen ungezogenen, leichtsinnigen Bubi. Kletterte nun der leichtsinnige Bubi herum, so warnte ihn der artige:

»Aber Bubi, was machst denn da? – Stoß dich nich!« Oder wenn er was Verbotenes tat: »Du, laß das, ungezogen!« Dennoch schien der leichtsinnige Bubi zu tun, was er wollte.
Als Bubi sich in sein Fläschchen eigenmächtig Tee eingegossen hatte und nicht ganz sicher war, wie die Mutter das aufnehmen würde, sagte er zaghaft: »Der Bubi hat mir (!) Tinte gegeben.« Kurz darauf fand die Mutter ihn bitterlich schluchzend vor, und auf ihre Frage, was geschehen sei, stammelte er: »Der Bubi hat mich gezieht am Haar« – wobei er sich nochmals ziemlich heftig am eigenen Haar zupfte.

Herr Kopf
Die Frage, ob gestern Turnunterricht gewesen sei, war für Ernst (7; 8) der Anlaß für eine Komödie: »Turnen? Wart, ich muß mal jemand fragen gehn! (Haut sich auf den Kopf.) Sie, Herr Kopf, wissen Sie noch, ob wir gestern Turnen gehabt haben oder nicht? (Lauscht nach innen.) Wie, Sie haben's vergessen? Na, denken Sie mal nach! Nein?« Und schließlich zum Vater: »Der Herr Kopf sagt, wir haben kein Turnen gehabt.«

Das Echo
Ein Junge (ca. 5; 6) ist beunruhigt durch das unsichtbare Echo, das auch seine Stimme wiedergibt: »Ist das der liebe Gott?«

Die Schriftstellerin George Sand (1804–1876) erinnert sich an das Erlebnis eines Echos: »Den allersonderbarsten Eindruck machte auf mich die Wiederholung meines eigenen Namens mit meiner eigenen Stimme (auf der Terrasse eines Palastes zu Madrid). Plötzlich fand ich eine sehr drollige Erklärung: Ich bildete mir ein, daß ich doppelt wäre, daß sich in meiner Umgebung ein zweites Ich befände, welches ich nicht sehen könnte, aber welches mich immer sähe und mir immer antwortete.«

Geschichte von Herrn Niemand und Herrn Jemand
Eines Tages ging Herr Jemand auf dem Land spazieren und traf Herrn Niemand. Herr Jemand sagte: »Wieso sind Sie denn unsichtbar?«

Herr Niemand sagte: »Ich bin unsichtbar, weil ich nicht wirklich bin.«
»Aber wieso kann ich denn dann mit Ihnen reden?« fragte Herr Jemand.
»Heutzutage glaubt keiner mehr an uns«, sagte Herr Niemand.
»Sehen Sie, da kommt jemand. Sollen wir ein Schwätzchen mit ihm machen?«
»Ja«, sagte Herr Niemand.
»Wie heißen Sie«, fragten sie.
Aber der Mann ging weiter.
»Sehen sie«, sagte Herr Niemand, »niemand glaubt mehr an uns.«
»Ja, ja«, sagte Herr Jemand, »wir könnten ebensogut gestorben sein.« (Jill, 9)

Werden und Geburt

Ursprung der Menschheit

»Warum gibt es Menschen?« (Junge, 6; 8)

Fragen von ungefähr Fünfjährigen
»Wie ist der erste Mensch ohne eine Mama hergekommen?« »Wer hat die erste Mama geboren?« »Welche Dame hatte denn zuerst Kinder, wie noch gar keine Kinder da waren?« – »Wie wurde der erste Mensch gemacht? Es war doch keiner da, ihn zur Welt zu bringen.« – »Wenn jeder ein Säugling war – wer konnte dann seine Mutter sein – wenn alle Menschen Säuglinge waren?«

Als alle noch klein waren
»Ganz früher gab es nur Kinder, ganz *früher, weil alle noch klein waren« (Max, 5; 10).*

Waren die Kleinen oder die Großen zuerst da?
»Wer war zuerst da, Kinder oder Erwachsene? Nämlich Erwachsene waren alle mal Kinder, Kinder haben alle erwachsene Eltern« (Max, 6; 9).

Die Entstehung des ersten Kindes
»Es hatte Blasen im Wasser, einen kleinen Wurm drin, dann ist er groß geworden, er ist aus dem Wasser

herausgegangen, dann hat er Nahrung aufgenommen, er hat Arme wachsen lassen, er hatte Zähne, Füße, einen Kopf, er ist ein Kind geworden.« (Junge, 9)

Genealogie
Ein Junge (7; 11) erklärt sich die Entwicklung des Lebens so: »Erst gab's Einzeller, dann Zweizeller, dann Dreizeller, Vierzeller, Fünfzeller bis zum Millionenzeller.«

»Mama, ist es wahr, daß die Menschen vom Affen abstammen?« – »Ja.« – »Ach so, jetzt versteh ich, weshalb die Affen so selten geworden sind.«

Wo war ich vor meiner Geburt?

»Wo war ich, bevor ich in der Mama war?« – »Wo war ich vor hundert Jahren?«

Wer war bei mir?
Hilde (4; 6): »Wer ist denn bei mir gewesen, als die Mutter klein war?«
Mutter: »Da war die Hilde noch gar nicht da; als ich klein war, war ich bei meiner Mutter, der Großmutter.«
Hilde: »Wer war bei der Großmutter, wie sie klein war?«
Mutter: »Die Urgroßmutter.«
Hilde: »Und wer war bei allen Müttern?«

Mensch (Mädchen, 4; 5)

Die Mutter erzählte Begebenheiten aus ihrer Kindheit. Hanna (4) wollte wissen, was sie selbst damals getan habe. Nach dem Hinweis, daß sie noch nicht hier gewesen sei, schien Hanna erschreckt und fragte: »Und was hast du ohne Hanna getan? Hast du sie alle Tage gerufen?«

Klein wie ein Kieselstein
Eine Erwachsene entsinnt sich: »Ich konnte mir denken, daß es einige Tage gegeben haben mochte, wo ich sehr klein war – so klein wie der winzigste Kieselstein –, aber überhaupt nicht gewesen zu sein, das war sehr schwer zu glauben.«

Das lustige Leben im Mutterleib
Wolik (5) erzählt von seinem Leben im Mutterleib: »Da gibt es eine Wand zwischen Rücken und Bauch, so eine mit Türe. Ja, ja, ich selber hab das gesehn, als ich bei dir im Bauch war. Und das Zimmer da ist ganz klein und darin wohnt ein Onkelchen. Ich hab bei ihm Tee getrunken. Dann hab ich mit Kindern gespielt und bin herumgegondelt – und lauter Jungen, es gibt da keine Mädchen. Und da sitzen Verkäufer. Drei. So ganz kleine. Ich bin zum Onkelchen als Gast gekommen, und als es Zeit war, geboren zu werden, hab ich mich von ihm verabschiedet und bin bei dir aus dem Bauch gekommen.«

Auf die Welt kommen

Kinder, die über Zeugung, Schwangerschaft und Geburt noch nicht aufgeklärt wurden, machen sich ihre eigenen Reime. Dabei vermischen sie oft das, was ihnen von Erwachsenen (spaßeshalber) erzählt wurde, mit Märchen, biblischen Episoden und nüchternen technischen Überlegungen:
Gott macht die kleinen Kinder im Himmel und läßt sie für die Frauen und Ärzte herunterfallen (oder bindet sie an Fallschirme). Er bringt sie auf einer langen Leiter, die er nachher wieder hinaufzieht, zur Erde. Er legt sie in Flüsse oder Weiher, wo sie vom Arzt gefunden werden,

der sie zu den kranken Frauen mitnimmt, die sie haben möchten.
Kinder wachsen in Blumen, in Kohlköpfen; sie werden vom Schwan oder vom Storch gebracht. Ein Junge, dem es nicht glaubhaft schien, daß ein Storch ein Baby tragen könne, meinte, daß der Storch das Baby mache und Gott es neben die Mutter lege.
Schließlich ist auch die Meinung verbreitet, daß man Babys in Läden kaufen könne.

»Mama, wo hast du mich gefunden?« (Mädchen, 3; 6)

Abgegeben für die Mutter
Bei einem Spaziergang sah der Junge (5; 4) ein ganz kleines Kind auf der Türschwelle eines Hauses sitzen und jämmerlich nach der Mutter schreien. Erregt fragte er: »Vielleicht hat der Storch das Kind geboren und an die Tür gelegt, und jetzt schreit's Mama! Und seine Mama ist gerade weggegangen und weiß noch nicht, daß sie ein Kind bekommen hat.«

»Wie hat der liebe Gott das Baby geschickt? Hat er einen Engel mit ihm geschickt? Wenn du nicht zu Hause gewesen wärst, hätte er es wieder mitgenommen?« (ca. 6)

Kinder aus Eiern?
Bubi (5; 4): »Mamele, warum legst du denn eigentlich keine Eier?«

Aus Fleisch formen
Renée (7), die ein Schwesterchen bekommen hatte, formte Figuren aus Knetmasse und machte sich Gedanken über die Geburt: »Mama hatte noch Fleisch von damals, als ich geboren wurde. Um meine kleine Schwester zu machen, hat sie sie mit ihren Händen modelliert und lange versteckt gehalten.«
Auch ein anderes kleines Mädchen wußte, wie man Kinder herstellt: »Ich gehe zum Metzger, ich nehme viel Fleisch, und ich knete es.«

»Warum bin ich geboren?«
»Warum ist Serjosha bei Tante Galja geboren und nicht bei dir? Hat er nicht in deinem Bauch sein wollen?

Warum? Und warum ist Giedotschka nach mir geboren und jetzt kleiner als ich? Warum hat sie nicht mit mir zusammen geboren sein wollen?«

Widerruf
»Mama, wenn ich gewußt hätte, daß du so garstig bist, hätte ich mich von dir nicht zur Welt bringen lassen!« (ca. 4)

»Ach Mama, wozu hast du diesen ekelhaften Guka geboren? Er soll lieber bei dir im Bauch sein und sich dort sein ganzes Leben lang langweilen!«

Kein zweiter Versuch!
Eine Fünfjährige schimpft die achtmonatige Schwester: »Wozu nimmst du die Windel in den Mund? Da wirst du krank, da stirbst du, und Mama wird dich nicht zum zweiten Mal zur Welt bringen!«

Die gleichzeitige Geburt von Großeltern und Enkel
»Weißt du, was ich mir wünsche? Daß meine Großeltern mit mir zusammen auf die Welt gekommen wären, so daß meine Kinder sie noch erleben und liebhaben könnten« (Bianca).

Kreislauf des Lebens und Wiedergeburt

Die Bürde der Erwachsenen
»Ein Erwachsener muß immer für Nachwuchs sorgen, sonst geht die Welt unter« (Marianne, 7).

Kehren die Alten in die Kindheit zurück?
»Verwandeln sich die Leute wieder in kleine Kinder, wenn sie ganz alt werden?« (Mädchen, 4)

Ein gut vier Jahre alter Junge fragte seinen Onkel: »Wenn ich ein kleiner alter Mann sein werde, wirst du dann jung sein?«

Frage an eine ältere Dame: »Wann wirst du wieder klein werden?«

Zur Mutter: »Wenn ich groß bin, dann wirst du klein sein, dann werde ich dich herumführen und dich schlafen legen« (Junge, 3; 6).

Zur Mutter: »Wenn ich ein großes Mädchen bin und du ein kleines Mädchen bist, dann werde ich dich auch manchmal durchhauen« (Mädchen, 3; 6).

»Wenn ich wiederkomme, dann bist du klein, Mama, aber ich komme wieder.«

Wiederkommen
»Gottes Kinder«, sagte ein Kind, »sind die gestorbenen Leute, die von Gott dann wieder auf die Erde zurückgeschickt werden.«

»Wann werde ich das nächste Mal geboren?« (Bubi, 5; 4)

Ein kleines Mädchen: »Dann werde ich auch sterben, und du, Mama, auch – und dann werden wir zurückkommen.«

Ins Grab einsäen
»Man beerdigt die alten Leute – die sät man in die Erde, und aus ihnen wachsen die kleinen wie die Blumen« (ca. 3; 6).

Gespräch zwischen Mutter und Sohn (ca. 3; 6): »Weißt du, Mama, ich denke, die Menschen sind immer gleich: Sie leben und leben, und dann sterben sie. Man beerdigt sie. Und dann werden sie wieder geboren.«
»Glebotschka, was redest du für Unsinn. Denk doch nach, wie kann das denn sein? Man beerdigt einen großen Menschen, und geboren wird ein kleiner.«
»Na und? Meinetwegen bloß wie eine Erbse! Bloß so groß. Bißchen größer als ich. Und dann tut man ihn in die Erde: Er fängt zu wachsen an und wird wieder groß.«

Ein neues Leben?
Ein Betrunkener taumelt auf dem Friedhof herum. »Und dieser Onkel hat sich schon aus dem Grab rausgebuddelt?« (Mädchen, 5)

Vereinfachung?
»Lieber Gott, statt daß du die Leute sterben läßt und neue machst: Warum erhältst du nicht die am Leben, die es jetzt gibt?« (Jane)

Probeweises Altern
»Mein Großvater ist 77, und wenn du meinst, das ist noch nicht sehr alt, dann versuch's doch mal, wie lang das dauert« (Peter).

Der Tod – und was danach kommt

Tot sein
(Siehe dazu die Zeichnung im Bildteil, S. III oben)

»Gell, die Leute von früher sind jetzt tot. Warum?« (Max, 4; 9)

Bißchen tot
Ein Junge (4) lief mit seinem Gewehr in der Wohnung herum und schoß alle und alles tot. Zur Mutter aber sagte er liebevoll: »Ich schieß dich bloß bissel tot, Mama, bloß bissel – da kannste bloß langsam laufen.«

Bubi (3; 11) fragte: »Und wenn wir tot sind, können wir da bloß so leise sprechen?« Er flüsterte ganz leise einiges vor sich hin.

Der unsterbliche Fisch
»Der Fisch kann nicht sterben, er hat keinen Kopf. Er hat nur Augen am Bauch und einen Schwanz.«

Ganz nackt
Ein kleiner Junge sah auf einem Bild ein Totengerippe und fragte: »Sieht so der Mensch aus, wenn er nackt ist – ich meine, ganz nackt?«

Was bleibt übrig?
Sohn: »Papa, wenn Krieg kommt, dann schießt man dich tot?«
Vater: »Kann sein.«

S: »Und von dir bleibt nichts übrig?«
V: »Nein.«
S: »Nicht mal ein paar Punkte?«
V: »Nicht mal die. Und du, wirst du um mich trauern?«
S: »Wozu denn, wenn nichts mehr da ist!«

Die Raupe
Bei der Betrachtung einer toten ausgetrockneten Raupe: »Wenn ich tot bin, werde ich dann auch so klein?« (Junge, 6; 6)

Hartes Blut
Folgerung aus der Erfahrung von Schorf auf einer Wunde: »Wenn man tot ist, hat man hartes Blut« (Max, 5; 3)

Für immer
Anmerkung zu einer bestimmten Gutenachtgeschichte: »Das ist meine Lieblingsgeschichte – auch wenn ich tot bin« (Steffi, 4; 7).

Vorübergehend tot
Die Tochter (4; 2) spielte in der Rolle eines »Kätzchens« mit der Mutter, wollte nach »Afrika« und verschwand für eine unerwartet lange Zeit in ihrem Zimmer. Als sie zurückkam, sagte sie ganz eifrig: »Weißt du, warum ich so lange in Afrika blieb? Weil ich aus Versehen tot war. Aber dann hat mich ein Zauberer wieder heile gezaubert.«

Still liegen
»Nein, im Sarg will ich nicht das ganze Leben so still daliegen!«

Einer genügt
»Meine Oma wird nie sterben. Opa ist gestorben – das genügt!«

Protzerei
Frauke (7) gibt gegenüber einer Gleichaltrigen an: »Ich hab fünf, die tot sind. Die Angela (Tante), der Felix (Nachbars Kater), die Minka (eigene Katze), die Uroma und Muddel ihr Großvater.«

Aussterben
»Wer wird den letzten Menschen begraben?«

»Mama, alle Menschen sterben. Also wird irgendeiner die Urne mit dem letzten Menschen hinstellen müssen. Und das möcht ich dann sein, ja?« (Mädchen, ca. 4)

»Wenn alle Menschen gestorben sind, wird da die Erde weggemacht, und reißen da die Maurer die Häuser ein, bis wieder bloß Wiese da is, und dann sterben sie auch?« (Junge, 5; 4)

Die Unerbittlichkeit
Isolde Kurz, ungefähr 6 Jahre alt: »Ich dachte fortan oft über das Sterben nach, und die Unerbittlichkeit des Vorausbestimmten erfüllte mich mit immer neuem Grausen: Also einmal muß es sein, jeder Tag bringt mich dem letzten Ziele näher. Und wenn ich mich unter das Kleid der Mama verkröche, es würde mir doch nichts nützen. Und wenn ich sogar zum Papa ginge, auch er könnte mir nicht helfen. Niemand, niemand kann mir helfen, ganz allein stehe ich dem Furchtbaren gegenüber – dem Tod! Dabei war mir zumute, als befände ich mich in einem langen, engen Gang, wo kein Entrinnen, keine Umkehr möglich, und am Ende des Ganges, da warte es auf mich, das Rätselhafte, Unbegreifliche; ich aber müsse immer weiter, so gerne ich stehenbliebe, unaufhaltsam, Schritt für Schritt bis zum gefürchteten Ausgang.«

Die Toten begraben

Wissensdrang
Ein Junge (3; 6) sah zum ersten Mal Gräber. Ihm wurde erklärt, daß dort Menschen, die krank waren, jetzt ruhig schlafen. Er fragte unermüdlich: »Wer schläft denn dort? Wer schläft dort?« Er gab sich mit den Antworten nicht zufrieden und bat die Mutter immer wieder: »Mama, du kannst mal ausgraben, ja?«

Der große Krach
Ein Junge (ca. 4) will mit seiner Spielzeugpistole auf den Friedhof gehen: »Da schieß ich die Leute alle tot, die im

Grab sind und gestorben sind; das werden sie schon hören, wenn ich sie totschieße, und das so einen Krach macht.«

Rachegefühle

Bubi (4; 5) sah einen Totengräber, der Erde in ein Grab schaufelte. Er gab ihm offenbar die Schuld am Tode und rief aufgebracht: »Die alten Gräbnisser (Totengräber) sollen nich immer so ein Grab schaufeln und die alten Leute reintun. Da schmeiß ich aber den Sand weg und die Blumen und laß die Leute wieder raus, und den alten Gräbnisser nehm ich und schmeiß ihn ins Wasser.« Er wollte ihm, in Erinnerung an kürzlichen Hagel, zusätzlich noch Eis auf den Kopf schütten, und »noch mehr Eis, da wird er immer töter!«

Auffüllen

Ein Junge (5; 6) hatte am Tage vorher einen Friedhof besucht. »Die Welt wird immer höher und höher, bis an den Himmel.« Auf die Frage, was er damit meine: »Ja, wenn die vielen Leute sterben und dann eingegraben werden.«

Ein Hölzchen begraben

Theodor Lessing erlebte als knapp Sechsjähriger den Tod eines sechswöchigen Schwesterchens. Die älteren Geschwister »spielten seither immer ein Spiel, das wir nannten ›Gertrud begraben‹. Wenn wir (...) im Garten spielen durften, dann nahmen wir ein Hölzchen, das nannten wir Gertrud. Wir schaufelten Löcher in den Sand, begruben das Hölzchen und pflanzten Blümchen oder legten Blätter aufs Grab.«

Der Tanz ums Grab

Bei einem Spaziergang im Wald fand die Familie fünf neugeborene tote Kaninchen. Der Junge (5; 4) fragte bedrückt: »Nimmt der Tier-liebe-Gott die toten Karnikkels in den Tierhimmel und leben sie da weiter?« Beim Begraben der Tiere wurde das Kind immer vergnügter, schaufelte emsig, streute Blumen und tanzte schließlich, zappelnd vor Freude, um das Grab.

Liebevolles Begraben
Zwei Mädchen von gut 10 Jahren hatten einen toten Maulwurf gefunden und trugen ihn auf der Suche nach einer geeigneten Stelle fast 200 Meter vorsichtig durch das Gehölz. An einem Abhang wurde das Grab bereitet: ein Kreuz, mit angefeuchteten Streifen von Papiertaschentüchern zusammengehalten; darunter ein Holzbrettchen, in das mit einer Glasscherbe »Maulwurf« eingeritzt wurde; Umrahmung aus Stöckchen; oben auf das Grab wurden im Wald ausgegrabene Leberblümchen und Buschwindröschen gepflanzt.

Der Hund hatte eine Maus gefangen und getötet. Steffi (10; 9) lenkte den Hund ab und klaute ihm die Maus, um sie zu begraben. Sie säuberte einen Platz unter einem Baum, stellte ein kleines Kreuz auf, wobei sie Grashalme als Schnüre verwendete. Nach Beerdigung der Maus pflanzte sie Blumen auf das Grab und legte einen grauen Stein dazu mit der Kreideinschrift »Maus«.

Magische Sprünge
Nachdem ein Junge einen Vogel begraben hatte, sprang er dreimal über das Grab.

Der glänzende Grabhügel
Der Dichter Theodor Storm (1817–1888) erzählt: »Die beiden kleinen Totengräber (...) lagen neben der Geißblattlaube auf den Knien und hatten einen kleinen, seltsam glänzenden Erdhügel zwischen sich, auf dem sie beide eifrig mit ihren rotkarierten Taschentüchern rieben.
›Was macht ihr da?‹ fragte ich, indem ich zu ihnen trat; denn diese Sache war mir völlig unverständlich.
Da guckte der Kleine auf. ›Papa!‹ sagte er, und sein Gesicht leuchtete so fröhlich wie droben kaum die liebe Himmelssonne – ›wir polieren Nine (Kaninchen) sein Grab mit Spucke!‹«

Exhumierung
Theodor Storm berichtet noch von einer anderen Gelegenheit: Die Kinder hatten den toten Kater in einem mit schwarzem Papier ausgeschlagenen Schächtelchen

in das Grab gesenkt »und mit einem schweren Steine fest und dauerhaft bedeckt.
Aber wer möchte nicht gern wissen, wie die Toten aussehen. – Natürlich wurde der alte Herr nach einem halben Jahr wieder ausgegraben, sehr mit Schimmel überzogen vorgefunden, schaudernd und ganz genau betrachtet und dann endlich noch einmal und auch zum allerletzten Mal begraben.
Für Kinder und alte Leute, welch ein erlösender Zauber liegt in dem Begraben!«

Der Weg in den Himmel und das Leben nach dem Tode

Selig oder verdammt?
Adolf Erman (1854–1937), der Ägyptologe, schreibt in seinen Lebenserinnerungen: »Zu dem, was man uns in der Schule von Religion beibrachte, gehörten auch die Vorstellungen von der ewigen Seligkeit und der ewigen Verdammnis. Die müssen mich nun sehr beschäftigt haben, und ich wollte erfahren, welche der beiden Eventualitäten mir einmal beschieden sein würde. Das probierte ich dann auf dem Schulweg aus; gelang es mir, über einen Pflasterstein hinweg zu treten, so wurde ich selig, gelang es nicht, so wurde ich verdammt. Und ich weiß noch, daß ich es völlig ernst damit meinte.«

Die genußunfähige Seele
Peter (5; 2) stellte sich vor, daß an den Bäumen im Himmel dicke Marzipanäpfel wüchsen. »Nur schade, daß

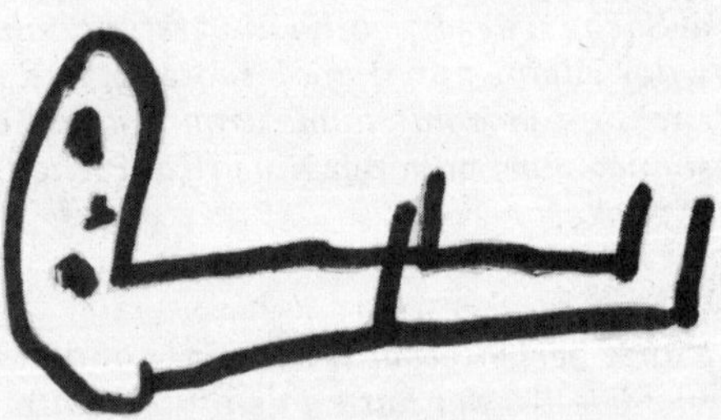

Toter Mann (Junge, 5; 9)

ich da nie hinkomme!« Auf den Hinweis der Mutter, daß er später doch auch in den Himmel komme, sagte Peter etwas wegwerfend: »Ach so, du meinst, wenn ich tot bin? Ach, das ist dann ja doch bloß die Seele – da hab ich *doch nichts von.«*

Nur die Bösen werden begraben
Karl (ca. 5) meinte, daß die guten Menschen nicht begraben würden, sonst könnten sie ja nicht in den Himmel kommen.

Die Engel graben die Toten aus
»Wie lange bleibt der Tote in der Erde? Kommen die Engel schon bald und graben ihn wieder raus?« (Junge, 5; 1).

Beim Ertrinken stirbt man nicht
Der kleine Peter (3; 6) hörte zum ersten Mal vom Ertrinken und behauptete steif und fest, daß man da nicht tot sein könne. »Denn wie sollen dann die Engelchen die Leute holen, wenn die ertrunken sind? Dann müssen die Engelchen doch erst untertauchen. Und wenn sie dann selbst ertrinken? Sind die dann auch tot? Wer holt die *dann?«*

Welche Körperteile kommen in den Himmel?
Franz (4; 8) sah in einer katholischen Kirche in einem Schrein ein altes geschmücktes Heiligengerippe. »Warum ist der arme Mann denn nicht in den Himmel gekommen? Hier liegen ja seine Knochen.«

Susanne (ca. 5) glaubte, daß nur der Kopf eines Verstorbenen in den Himmel komme, weil doch der »Körper« begraben werde.

Der Weg der Seele in den Himmel
»Und wenn nun einer tot ist, dann geht die Seele heraus? Gleich?« Die Mutter bejahte. »Ach, dann geht se so raus, ja?« Der gut fünfjährige Peter machte eine Handbewegung von unten den Körper entlang über den Kopf hinaus. »Dann bleibt se einen Augenblick da oben sitzen«, er zeigte auf die Stirn, »und dann fliegt se rauf in den Himmel, nicht?«

Angesichts des großartigen Sternenhimmels tauchte die Frage auf, wer das alles gemacht habe. Adam (ca. 9) meinte: »Ein toter Mann – ein totes menschliches Wesen.« Auf die Nachfrage hin, wie das gemeint sei, erklärte Adam, daß es »ein Geist« sei, der so etwas gemacht habe, und der löse sich nach dem Tode vom Menschen. »Wenn man stirbt, dann geht ein Geist nach oben (er machte eine Handbewegung von seinem Kopf nach oben), und ein anderer geht nach unten – der gute geht nach oben und der schlechte nach unten.«

Der Geist »ist jemand, der nicht wie wir ist, der keine Haut hat, der keine Knochen hat, der wie Luft ist, den man nicht sehen kann. Nach unserem Tod geht er aus unserem Körper hinaus (...) aber er bleibt; aber er bleibt, indem er hinausgeht (...) Er bleibt, aber er ist trotzdem im Himmel« (Junge, 8).

Christian (6) meinte, daß Gott den Atem eines Verstorbenen in den Himmel hinaufnimmt.

Der Sonnenwagen
»Wenn man gestorben ist, wie kommt man denn da zum lieben Gott? Ich weiß, er holt mich mit der Sonne ab« (Anika, 4).

Das Wiedersehen
»Sag mal«, erinnert sich Tobias (gut 3 Jahre alt), »der Herr Gerstner, der ist doch jetzt gestorben und begraben. Aber er ist doch auch im Himmel. Wo hat er denn dann seinen Leib. Im Grab oder im Himmel?«
»Wir glauben«, sagt Vater, »daß Gott ihm im Himmel einen neuen Leib geben wird.« (...) »Dann bekommt die Frau Gerstner ihren Mann ja wieder, wenn sie stirbt (...), da hat die aber Glück. Da ist ihr Mann dann schon im Himmel mit seinem neuen Leib.«

Trauer oder Freude?
»Ich frage mich immer, warum die Leute so traurig sind, wenn ihre Freunde sterben, wo doch alle sagen, daß es im Himmel so schön ist. Warum sind sie dann traurig?« (Brenda, 9)

Umweg?
»Lieber Gott, wenn wir doch weiterleben, wenn wir gestorben sind, warum müssen wir dann überhaupt erst sterben?« (Johannes)

Verwandlungszauber
Nach dem Tode, wenn wir vor Gottes Richterstuhl bestanden haben, »gehen wir mit Maria in ein Zimmer, und dort nimmt Maria einen silbernen Stab und berührt uns damit. Wenn wir dann in den Spiegel blicken, sind wir ganz in Weiß gekleidet und haben silberne Flügel« (Ann, 11).

Die Himmelsstube
Bubi (5; 4) stellte eingehende Fragen über den Aufenthalt im Himmel, fragte, wer im Himmel das Essen koche, ob der Eßtisch und die Stühle im Himmel nicht herunterfielen, denn »die können doch nich auf der Luft stehn! Is in der Himmelsstube da oben drinne Gas, daß sie nich runterfällt? Stinkt nich das Gas den Engeln zu sehr?«

Die alten und die jungen Seelen
Julie (10) stellt sich den Himmel wie einen herrlichen Garten vor. »Die Seelen ruhen auf dem Boden, wenn sie alt sind, oder sie laufen herum, wenn sie jung sind.«

Überfüllt?
»Wenn wir mal sterben, gibt es im Himmel vielleicht schon eine Million tausendhundert Leute« (Nicholas, 4).

Ich will nicht sterben
Aus scheinbar heiterem Himmel begann ein Mädchen (4; 6) zu weinen: »Man kann sterben, aber ich will nicht.« Der Hinweis von Erwachsenen, daß man sterbe, wenn mdn uralt sei, nützte in diesem Moment nichts. »Aber wenn ich uralt bin, kann ich sterben, aber ich mag nicht!« Mehr Erfolg hatte der Bruder (6; 2), als er sagte: »Dann kommst du in den Himmel und wirst wieder lebendig.«
Schwester: »Wie lange dauert es, bis man wieder heile ist und runterkommt?«
Bruder: »Eine Sekunde. Das geht eigentlich nur mit dem Flugzeug.«

Dennoch war das Mädchen weiterhin ängstlich, wehrte Reden von Gott ab (»ich will nicht zu Gott«) und fragte, wann der Vater stirbt. »Ich will mit dir sterben.« Der Bruder wußte wieder etwas Beruhigendes: »Wenn Papa stirbt, sind wir doch schon ganz groß.«

»Lieber Gott, mach, daß ich lebendig in den Himmel komm!«

Beate (5; 3) hat sich eine Geschichte ausgedacht: »Ein Mann wollte in den Himmel kommen, ehe er starb. Er sagte: ›Ich will nicht sterben, und ich möchte den Himmel sehen.‹ Jesus Christus sagte, er müßte geduldig sein wie andere Leute. Der Mann wurde da sehr zornig und schrie so laut, wie er konnte, und schlug nach hinten aus, so hoch er konnte, und die Fersen trafen den Himmel, und der Himmel fiel herunter und zerschmetterte die ganze Erde in Stücke. Er bat Jesus Christus, die Erde wieder auszubessern. Aber der mochte nicht. Das war also die gerechte Strafe.«

> Kinder sind Gottsucher ohne Ehrfurcht und stellen uns die Gretchenfrage.

In Goethes Tragödie »Faust« stellt Gretchen an Faust die berühmte Frage: »Nun sag, wie hast du's mit der Religion?«
Kinder fragen wohl anders. Aber ihre Fragen (und Antworten) bringen uns möglicherweise zum Nachdenken darüber, wie wir's mit der Religion haben. Sie geben uns vielfach Anlässe, der Vielfältigkeit unseres eigenen Glaubens oder Unglaubens nachzuspüren.

Der Schöpfergott und das Problem der sich selbst verursachenden Ursache

Wer hat Gott gemacht?

»Hat Gott alles gemacht? Wer hat Gott gemacht?« (Junge, 8)

Wer ist der Meister des Meisters?
Wilhelm von Kügelgen (1802–1867), Maler und Schriftsteller, durfte als Kind gelegentlich das Atelier seines Vaters, welcher Maler war, besuchen. Der Vater arbeitete gerade an einem religiösen Bild. »Am merkwürdigsten war mir Gott Vater über der Erdkugel schwebend, nicht nur wegen dieses beneidenswerten Schwebens, sondern ich war auch bemüht, mir seine Gesichtszüge einzuprägen, damit ich wisse, wie er aussehe, wenn ich mein Gebet hersagte.
Da kam mir einst ein sehr natürlicher Gedanke. (...) Ich fragte nämlich, woher man es denn wisse, daß Gott die Welt erschaffen habe.
Ob ich denn glaube, erwiderte der Vater, daß das Bild, an dem er male, ebensogut auch von sich selbst entstehen könne? ›Nein – sagte ich – du mußt es malen.‹ – ›Nun denn, wenn ein so kleines Ding nicht ohne Meister sein kann, wie sollte da die ganze große Welt von selbst entstanden sein?‹
Ich wandte ein, ob sie nicht jemand anderes gemacht haben könne? Aber der Vater sagte, der Meister sei allezeit größer als sein Werk; wer aber größer als die ganze Welt wäre, könne niemand anderes als der liebe Gott sein.
Ein Blick auf mein Bild bestätigte mir die Wahrheit dieser Worte, denn allerdings war Gott hier größer als der angedeutete Kreisabschnitt der Erde, über der er schwebte.
›Wer aber‹ – fragte ich weiter – ›wer hat denn eigentlich den lieben Gott gemacht?‹ Da antwortete mein Vater, der sei von Ewigkeit, ohne Anfang und ohne Ende, wandte sich herum und malte weiter.
Diese Worte imponierten mir. Ohne Anfang, ohne Ende! – Ich sah mein Bild genau darauf an und war sehr nachdenklich geworden. Endlich sagte ich: ›Das wäre aber eine schöne Geschichte, Vater! Wenn wir nun sterben und in den Himmel kommen, und am Ende wäre gar kein lieber Gott da!‹
Dafür nannte mich mein Vater einen dummen Jungen, jedenfalls das Gescheiteste, was er gesprochen hatte, und die gelehrte Unterhaltung war zu Ende. Später aber, da er durch Gottes Gnade seinen damaligen Standpunkt

überwunden hatte, gestand er, wie jener Kindereinfall, so natürlich aus seiner Deduktion hervorgegangen, ihn in Verlegenheit gebracht, da er nichts anderes enthalten habe, als seinen eignen Hintergedanken.«

Ohne Anfang, ohne Ende?
»Gott hat doch alle Menschen geschaffen, da muß er doch auch selbst geboren sein« (Theodor, 5; 5).

»Wer hat Gott auf die Welt gebracht?» (Birgitt, 10)

»Gelt, Mama, der Papst, der hat den Gott gemacht?« Nach Verneinung dieser Frage. »Ja, aber wer hat denn dann den Gott gemacht?« (Tobias, ca. 6)

»Wann hat Gott angefangen?« (ca. 7)

»Hat Gott sich selbst erfunden?« (ca. 8)

»Was war vor Gott?« Die Mutter: »Nichts.« Darauf das Kind: »Nein, es muß der Platz dagewesen sein, wo Gott ist.«

Günther (5; 6) sagte ganz unvermittelt abends beim Waschen: »Wie das merkwürdig ist, daß sich der liebe Gott selber schaffen kann!«

»Es sieht so aus, als ob Gott nirgendwo hergekommen wäre. Er ist nicht gemacht worden, er war einfach da« (Dominic, 11).

»Lieber Gott, woher hast du damals gewußt, daß du Gott bist?« (Charles, 8)

»Kann Gott sich selber umbringen?« (Natasha, 6; 3)

Der Schöpfer ganz für sich
Aus der Autobiographie von Karl Gutzkow: »Die Abwechslung von Tag und Nacht (...) führte frühe auf die Vorstellung vom Nichts. Es war ein Schrecken für den Knaben, sich zu denken, wenn einmal die Erde nicht wäre. Wenn diese Sterne erlöschten, diese Fackel des

Drachen von innen (oben) und außen (unten)

Raketenriese: Gelbschwarze Netzaugen. Aus Nase und Ohren tropft es rot und rinnt in ein übergittertes Gefäß. Links auf dem Kopf grüne Bäume, ebenso am blauen Fluß auf der linken Bildhälfte. Pflanzen im und am See unten. (Junge, 10; 7)

Man weiß nicht wann, aber es kommt! (Mädchen, 11; 10)

Wunderschäferhund (Mädchen, 6; 5)

(Mädchen, 7; 4)

Ohne Titel (Junge, 5)

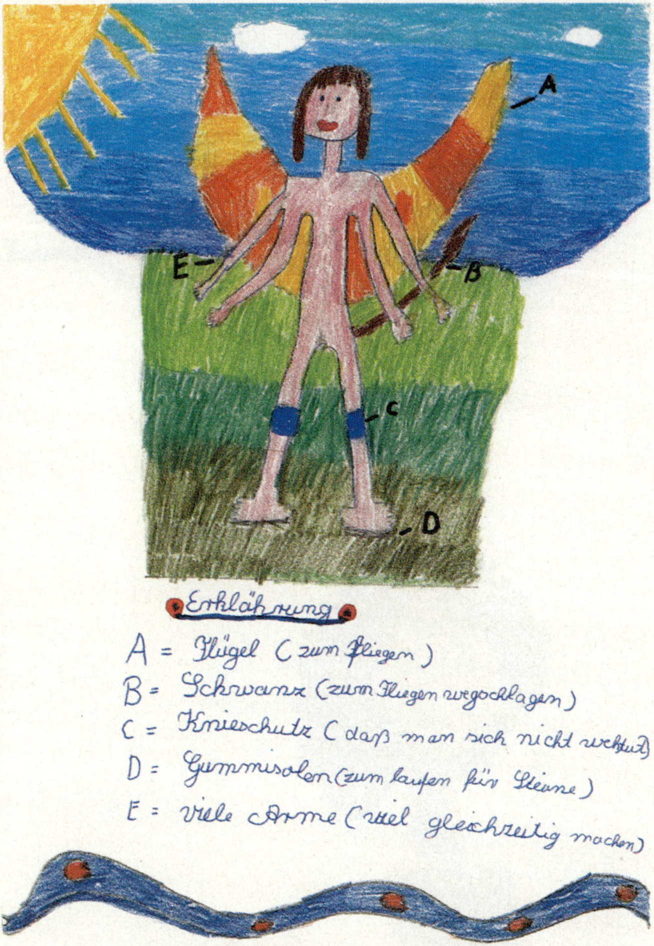

Verbesserter Mensch (Mädchen, 10)

Im Zirkus (Junge, 6; 7)

Mann (Junge, 7; 4)

Meine Lehrer (Junge, 11)

Sonnendrachen
(Mädchen, 5; 8)

Laufendes Tier (Mädchen, 6; 3)

Tier (Junge, 9; 6)

Mondes verglimmte, die Sonne im Meere auf ewig unterginge und alles, alles verschwände und nur Gott bliebe, allein Gott der Herr, der Schöpfer ganz für sich. Was wäre dann noch? Was bliebe? Und was ist eigentlich Gott? Der Gedanke war schwindelerregend, die Hand mußte sich aufstemmen, am nächsten halten, denn die Ahnungen des absoluten Nichts zogen den Boden unter den Füßen weg.«

Der abgedankte Gott
Frage eines fünfjährigen russischen Mädchens: »Opa, bist du denn noch unterm lieben Gott zur Welt gekommen?«

Beim Namen nennen
»Papa, gibt es Gott?« fragte die Neunjährige. Papa war sich nicht ganz sicher. »Es muß ihn doch geben, denn er hat einen Namen!«

Was hat Gott gemacht?

Rohmaterial
»Papa, ich habe eine Frage. Aber die kann man nicht richtig beantworten. Wie ist die Sonne entstanden? Es gibt Leute, die glauben es. Aber man kann immer weiterfragen: Wie hat Gott die Sonne denn geschaffen, wo hat er die Sachen hergehabt?« (Max, 7; 2)

Als Gott »die Sonne, den Mond und die Sterne gemacht hat, mußte er ein tolles Rohmaterial gehabt haben« (Britta).

Der Schöpfer natürlicher Dinge
»Aber künstliche Sachen hat er nicht gemacht, zum Beispiel Plastik oder Kunststoffwolle, hergestellte Sachen. Er hat nur natürliche Sachen gemacht« (Max, 6; 5).

Stadien der Schöpfung
Carl versuchte sich die göttliche Schöpfung der Menschen in deutlichen Stadien vorzustellen – erst die Schöpfung der Steinmenschen, dann der Eisenmenschen und schließlich der wirklichen Menschen.

Gottes Spiegel
Überlegungen anläßlich des Satzes, daß Gott den Menschen nach seinem Bilde geschaffen hat: »Hat er sich da zuerst einen riesengroßen Spiegel gemacht?« Und weil die Menschen ja nun spiegelverkehrt zu Gott ausfielen – »machen wir deshalb so viel verkehrt?« (Annika, ca. 7)

Was ist von der Schöpfung das Beste?
»Ich weiß, daß der liebe Gott die Welt und alle Vögel und Tiere und Pflanzen geschaffen hat, aber das Beste, was er gemacht hat, bin ich (...). Gott war schon immer da und war nie nicht da« (Keith, 8).

Unfehlbarkeit?
Cindy (ca. 7) blickt wütend in den Kinderwagen, in dem ihr kleines Brüderchen fürchterlich schreit, und kommt auf die Frage: »Sag mal, Mama, tut der liebe Gott immer die richtigen Seelen in die richtigen Körper hinein? Macht er keinen Fehler?«

Erweiterung
»Lieber Gott, warum machst du so viele Leute? Könntest du noch eine Erde schaffen und die zu vielen dort hinbringen?«

Neue Tiere schaffen
»Wie kommt es, daß der liebe Gott in der letzten Zeit keine neuen Tiere erfunden hat? Wir haben immer bloß die alten!« (Jonny, ca. 7)
(Siehe dazu auch die Zeichnung im Bildteil, S. III unten)

Die Ruhe
Am siebten Tage hat Gott »sich die Ruhe ausgedacht und sie dann gemacht« (Anna, ca. 7).

Was können die anderen?
»Es gibt ja verschiedene Gotts, von katholischen Menschen oder von uns. Aber dann sind noch welche da von Türken und noch andere. Was die können, weiß ich noch nicht« (Randolph).

<u>Wie sieht Gott aus und wo ist er?</u>

Gottes Gestalt

Erste Theologie
Gottfried Keller (1819–1890), der Schweizer Dichter, entsinnt sich der »ersten Theologie«: Auf dem mächtigen Dach der nahegelegenen Kirche »stand ein schlankes, nadelspitzes Türmchen, in welchem eine kleine Glocke hing und auf dessen Spitze sich ein glänzender goldener Hahn drehte. Wenn in der Dämmerung das Glöckchen läutete, so sprach meine Mutter von Gott und lehrte mich beten; ich fragte: ›Was ist Gott? Ist es ein Mann?‹ und sie antwortete: ›Nein, Gott ist ein Geist!‹ Das Kirchendach versank nach und nach in grauen Schatten, das Licht klomm an dem Türmchen hinauf, bis es zuletzt nur noch auf dem goldenen Wetterhahne funkelte, und eines Abends fand ich mich plötzlich des bestimmten Glaubens, daß dieser Hahn Gott sei. Er spielte auch eine unbestimmte Rolle der Anwesenheit in den kleinen Kindergebeten, welche ich mit vielem Vergnügen herzusagen wußte. Als ich aber einst ein Bilderbuch bekam, in dem ein prächtig gefärbter Tiger ansehnlich dasitzend abgebildet war, ging meine Vorstellung von Gott allmählich auf diesen über.«

Julius (3; 6): »Mami, ist Gott ein Mensch?« – »Nein, Gott ist kein Mensch.« – »Ist Gott ein Vogel?«

Die blaue Kugel
»Es stand im Herrenhäuser Garten unter Unkraut eine die Welt spiegelnde mit Quecksilber überzogene blaue Kugel, welche ebenfalls ›heilig‹ war. Zu der schlich ich, um ›anzubeten‹. Keineswegs betete ich zu Gott, sondern die Kugel war ein Gott« (Theodor Lessing).

Er kennt sich selber
Natasha (5; 1) über Gott: »Ich weiß, er ist kein kleines Mädchen – und auch kein Junge – du weißt nicht, Daddy, ob er ein Junge oder ein Mädchen ist, nicht wahr?« – »Nein.« – »Niemand kennt Gott, aber er kennt uns und er kennt sich selber.«

Gott und die Kirchen
»Gott versteckt sich immer so gut, daß ich ihn nicht sehen kann. Aber es gibt ihn bestimmt, weil es ja auch Kirchen gibt« (Almut, 6).

Gott war da
»Ich habe ihn noch nicht gesehen. Bei meiner Taufe, da war ich noch zu klein. Und bei der Konfirmation von meiner Schwester, da war er da, aber es war zu voll. Da konnte ich ihn von vorn nicht erkennen« (Karsten).

»Manchmal glaube ich, daß ich Gott sehen kann. Gestern abend war es so« (Sybille).

Der große blaue Mann
Kinder stellen sich Gott manchmal als einen »großen blauen Mann« vor oder als ein Wesen mit Gliedern, die den ganzen Himmel überziehen, oder als ein unermeßlich großes Wesen, dessen Fuß allein vom Erdboden bis zu den Wolken reicht.

Die Mutter fragte die etwa sechsjährige Tochter: »Was meinst du, wie der liebe Gott ausschaut?« Ohne Zögern kam die Antwort: »Blau. Sonst könnte man ihn ja sehen im Himmel.«

»Gott ist Geist, aber größer als ein Mensch. Er hat längere Arme und Hände« (Adrian, 11).

Der behutsame Riese
»Ich stelle mir Gott als einen mächtigen Riesen vor mit Händen so groß, daß sie um die ganze Welt reichen und sie beschützen können« (Sandra, 9).

Zum größeren Teil Geist
»Der liebe Gott hat einen weißen Mantel an, und er hat lange graue Haare. Ich glaube, alles andere an ihm ist Geist« (Jane, 9).

Der große Kopf
»Ich stelle mir den lieben Gott als einen Mann in einem grauen Anzug vor, der einen zu großen Kopf hat« (Jeremy, 10).

Steinzeitgott
»Gott ist alt, groß und fürchterlich. Er sieht fast aus wie ein Steinzeitmensch« (Achim).

Nebelgestalt
»Ich glaube, der liebe Gott sieht aus wie ein großer weißer Nebelfleck mit einem Gesicht in der Mitte und einer goldenen Kette um den Hals« (Robert, 10).

Helligkeit und Zahnlosigkeit
»Ich glaube, Gott sieht aus wie ein Kopf ohne Körper, und er kann erscheinen, wo er will. Um ihn herum ist ein Lichtschein und sonst lauter Raum auf allen Seiten (...) Er hat einen ovalen Mund und keinen einzigen Zahn« (Robin, 10).

Helligkeit und Freundlichkeit
»Ich stelle mir vor, daß Gott ein Feuer um seinen Kopf herum hat und daß er freundliche Hände hat. Vielleicht ist er durchsichtig. Ich glaube, er schwebt frei im Raum herum« (Rosemary, 8).

Gott ist Luft
Max (6; 5) lag abends im Bett. Ein Windhauch bewegte leicht den Vorhang am geöffneten Fenster. »Gott ist die Luft. Man weiß es nicht.«

Der farblose Gott
Ein Kind vermeinte, sich an seine Zeit im Himmel erinnern zu können: »Ich weiß genau, als ich da oben war – Gott ist weiß und Gott ist alles und da ist viel Musik.«

Einem Kinde wurde erklärt, daß Blumen oder andere Gegenstände eigentlich keine Farben »haben«, sondern daß man Farben sehen könne, weil sie zurückgespiegelt würden. »Jetzt weiß ich, warum man Gott nicht sieht. Weil er nichts zurückspiegelt und alles behält.«

Durch Gott hindurchsehen
Natasha (5; 1) blätterte, neben ihrem Vater sitzend, in der Bibel. »Vielleicht können wir durch ihn hindurch sehen,

wie deine Brille (...) Er kann sich selber sehen. Wir können ihn nicht sehen. Manche Götter können ihn sehen. Er kann uns sehen.«

Gotte zum Spielen
Zu Weihnachten spielten Kinder mit vier Holzklötzchen, welche vier »liebe Gotte« darstellten. Sie hießen: Christkind, Heiland, Herr Jesus und Herr Gast (aus dem Gebet: ... sei unser Gast).

Der aufgetürmte Gott
Der etwa zehnjährige Anton Reiser machte sich Gedanken über Gott als das höchste Wesen: »Er saß einmal in der Dämmerung an einem trüben Abend allein vor seiner Haustüre und dachte hierüber nach, indem er oft gen Himmel blickte und dann wieder die Erde ansah und bemerkte, wie sie selbst gegen den trüben Himmel so schwarz und dunkel war.
Über den Himmel dachte er sich Gott, aber jeder, auch der höchste Gott, den sich seine Gedanken schufen, war ihm zu klein und mußte immer wieder noch einen höhern über sich haben, gegen den er ganz verschwand, und das so ins Unendliche fort« (Karl Philipp Moritz).

Der mehrköpfige Gott
»Gott ist der Hauptkönig. Er hat drei Köpfe, eben für alle Rassen einen. Und die vier Hände sind die vier Himmelsrichtungen« (Karl).

Der Erdengott und andere
»Ob es außer unserem Gott hier für die Erde auch noch Götter für andere Himmelskörper gibt, das weiß man noch nicht. Ich glaube aber bestimmt, daß man das eines Tages herausbekommt. Es könnte ja so sein, daß jeder Stern, auf dem Leben ist, einen eigenen Gott hat. Und daß darüber ein Supergott alle die einzelnen Götter unter sich hat. Vielleicht sind die Götter aber auch alle gleich stark und werden eines Tages kämpfen, wer der Hauptgott ist« (Harald, 11).

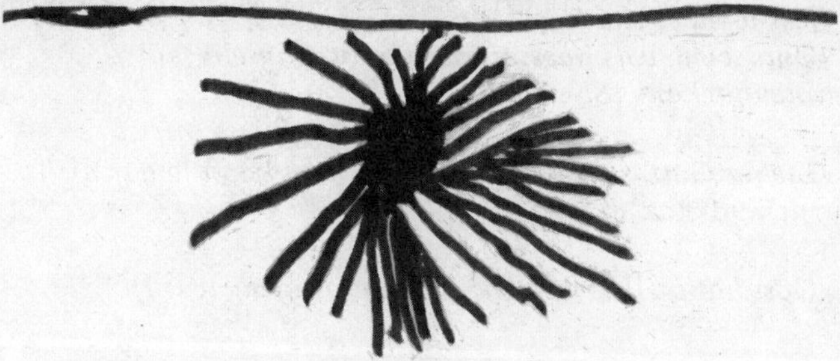

Sonne in Bewegung (Junge, 4; 9)

Gottes Allgegenwart

Das Jesuskind auf dem Schiebekarren

Anton Reiser »fand zufälligerweise einen Schiebkarrn und machte sich das Vergnügen, damit im ganzen Garten herumzuschieben.

Um dies nun aber zu rechtfertigen, weil er anfing, es für Sünde zu halten, bildete er sich eine ganz sonderbare Grille. Er hatte nämlich (...) viel von dem Jesulein gelesen, von welchem gesagt wurde, daß es allenthalben sei und man beständig und an allen Orten mit ihm umgehen könne (...)«

Von Gottes kleinem Sohn glaubte er, »daß er sich nicht weigern werde, mit ihm zu spielen, und also auch nichts dawider haben werde, wenn er ihn ein wenig auf dem Schiebkarrn herumfahren wollte.

Nun schätzte er es sich aber doch für ein großes Glück, eine so hohe Person auf dem Schiebkarrn herumfahren zu können und ihr dadurch ein Vergnügen zu machen; und da diese Person nun ein Geschöpf seiner Einbildungskraft war, so machte er auch mit ihr, was er wollte, und ließ sie oft kürzer, oft länger an dem Fahren Gefallen finden, sagte auch wohl zuweilen mit der größten Ehrerbietigkeit, wenn er vom Fahren müde war: ›So gern ich wollte, ist es mir doch jetzt unmöglich, dich noch länger zu fahren.‹

So sah er dies am Ende für eine Art von Gottesdienst an (...)« (Karl Philipp Moritz)

Gott weiß es sowieso
»Gott weiß, was passiert, und braucht nicht mal hinzugucken« (Sheila, 7).

»Lieber Gott, schau nicht immer, man kann ja gar nichts machen!« (ca. 8)

»Gott hat vielleicht mehr als zwei Augen« (ca. 7).

Wir atmen Gott ein
»Man könnte sich ja fragen, wie Gott bei allen zu gleicher Zeit sein kann. Ich glaube, er ist über die ganze Welt ausgebreitet und ist unsichtbar, und wir atmen ihn ein, und nachts geht er wieder aus uns heraus (...), um über uns zu wachen« (Elisabeth, 9).

Gottes Tag-und-Nacht-Rhythmus
»Gott ist ein guter Geist. Tagsüber ist er im Himmel und nachts geht er spazieren« (Hildegard).

Gott mit den Toten im Wohnzimmer
Maria (3; 9) stellte fest: »Herr Caspari (ein Nachbar, der eben verstorben war) ist im Wohnzimmer.« Die Mutter erwiderte erschrocken: »Aber nein, er ist doch gestorben!« Das Kind blieb dabei: »Ja, er ist da. Du hast gesagt, er ist bei Gott, und du hast gesagt, Gott ist überall. Da ist Herr Caspari auch im Wohnzimmer.«

Gott ist nicht überall
»Meine Oma sagt immer zu mir, daß Gott überall ist. Darum sieht er auch alles, was du machst. Stimmt das? Ich glaube nicht, daß Gott in einer Atombombe sein kann« (Pia, 10).

Man kann nur vor Gott, aber nicht hinter Gott stehen
»Sieh mal, Fynn, das ist doch einfach. Ich habe ein ›vorne‹ und ein ›hinten‹. Und wenn ich hinten was sehn will, muß ich mich umdrehen, weil ich hinten keine Augen hab. Aber Mister Gott hat nur ein ›vorn‹ und kein ›hinten‹. Er schaut überall hin, gleichzeitig« (Anna, ca. 7).

Der leise Gott
»Wenn ich der liebe Gott wäre, würde ich natürlich viel lauter sprechen als er. Wegen dem Lärm in der Welt können die Leute ja gar nicht mehr auf ihn hören« (Mark).

Die Macht Gottes, das Übel auf der Welt und die Zweifler

Fragen
»Wann wurde Gott geboren, und ist er jetzt tot, oder wenn nicht, wann stirbt er? Gibt es einen Ort, der Himmel heißt? Können wir hineinkommen und wie? Hat Gott eine Frau und eine Tochter? Wenn ja, wo wohnen sie? Im Himmel oder auf der Erde? Ist Gott ein Zauberer? Kann er Menschen in Stein verwandeln? Und endlich, gibt es wirklich einen Gott? Wenn es mir nur jemand sagen könnte!« (Peta, 11)

Gott oder Explosion
»Ich bin oft am Zweifeln, ob es Gott gibt. Wenn man aber mal nachdenkt, wie alles entstanden sein könnte, dann kann man sich einfach nicht vorstellen, daß am Anfang nicht jemand gewesen ist, der das alles in Gang gesetzt hat. Die Menschen nennen das Gott. Es kann aber auch eine Explosion gewesen sein« (Karlheinz, 13).

Der freie Willen der Menschen
»Er ist so mächtig, daß er alle Atombomben wie ein kleines Streichholz verbrennen könnte. Aber er macht es nicht, weil er sehen will, ob wir Menschen nicht selbst die Atombomben aus der Welt schaffen können, damit Frieden ist« (Christian, 9).

»Gott ist Schöpfer und sollte deshalb immer freundlich begrüßt werden. Auch wenn er wieder einmal Unglück, einen Sturm, ein Erdbeben, einen Krieg oder ein paar Morde zugelassen hat. Das darf man ihm nicht übelnehmen, weil er die Menschen mit einem freien Willen versorgt hat und sich nun ansieht, was sie für verrückte Sachen machen. Das ist für Gott bestimmt sehr spannend« (Birgit-Marie, 10).

Gottes Spektakel
Sie wohnen in einer Kleinstadt. Der ältere Bruder (10) las in der Zeitung von einem Erdbeben und fragte die Mutter: »Ist das nicht furchtbar; glaubst du, daß bei uns auch einmal eins sein wird?« Der kleine Bruder (ca. 5) redete dazwischen: »Ach nee, in kleinen Städten werden keine Erdbeben abgehalten.«

Gottes schwerer Beruf
»Die meisten Menschen erwarten von Gott zuviel. Sie möchten, daß Gott alle ihre Bitten erfüllt. Aber das kann der beste Gott nicht. Gottsein ist ein schwerer Job« (Ingo, 14).

»Lieber Gott, ich bin acht Jahre und heiße Brigitte. Ich bin in der dritten Klasse. Eins möchte ich gerne wissen. Liebst du deinen Beruf?«

Gottes Verantwortung
In ihren Memoiren erzählt eine Engländerin, die in der ersten Hälfte des 19. Jahrhunderts geboren wurde, daß sie als Kind für widerspenstig und verdorben gehalten wurde. Als man sie fragte: »Fanny, warum betest du nicht zu Gott, daß er aus dir einen besseren Menschen macht?« antwortete sie: »Das tu ich ja, aber er macht mich immer schlechter.«

Ein gut Dreijähriger wurde getadelt, weil er seinen Teller nicht aufessen wollte, und der Vater wurde als Vorbild hingestellt. »Gott hat mich aber verschieden gemacht.«

»Gott bestimmt auch, was ich für Noten habe. Mein Vater will das nicht glauben. Es stimmt aber, weil Gott alles bestimmt« (Michelle, 10).

Rückgängig machen
»Wenn ich die Treppe hinaufgehen würde, könnte Gott es machen, daß ich es nicht getan hätte?« (ca. 4) Die Frage, ob Gott eine geschehene Sache ungeschehen machen könne, wurde in früheren Jahrhunderten von Theologen viel erörtert.

Verrückte Welt (Junge, 10; 1)

Wen holt er zuerst?
Unbefangen fragte Joachim (4; 1): »Mami, ob der liebe Gott dich wohl früher in den Himmel holt als den Vati, was glaubst du wohl, Mami?«

Abgehoben
»Gott ist für mich der größte Mensch, den es je gab. Wenn er heute noch lebte, wäre es besser auf der Welt. Aber er ist ja in den Himmel aufgefahren und führt dort sein Leben« (Eva, 12).

Folgenlose Liebe?
»Liebt Gott auch die Menschen, die in Hunger und Elend leben müssen?«

Beendigung des Teuflischen?
Der achtjährige Thomas fragte den Herrn Pfarrer: »Hochwürden, warum tötet Gott nicht den Teufel, damit nichts Schlechtes mehr wäre?«

Der gleichgültige Gott
»Ich glaube oft an Gott und dann auch wieder nicht. Ich kann nicht verstehen, daß der Gott der Liebe und des Friedens soviel Teufeleien auf der Welt zuläßt« (Dennis, ca. 15).

Noch schöneres Gefühl
»Es muß ein schönes Gefühl sein, Gott zu sein. Wenn ich Gott wäre, würde ich für einige Sachen sorgen: daß keiner Hunger auf der Welt hat, daß kein Krieg mehr ausbricht, daß niemand einen anderen Menschen quält« (Lothar, ca. 9).

Folgeprobleme
»Wenn ich der liebe Gott wäre, dürften Krankheiten nicht sein. Krebs und so. Wenn die Menschen dann nicht sterben, ach – dann wird mir was Neues einfallen. Gott kann das« (Kerstin).

Die Menschen stören das schöne Bild
Karsten versetzte sich in Gott, der vom Himmel aus sein Werk betrachtet: »Wie die Welt so schön ist, denke ich. Aber die Menschen, ach die Menschen! Und ich denke: Vielleicht habe ich etwas falsch gemacht? Besser eine Welt ohne Menschen?«

Kunstfehler
»Wenn ich der liebe Gott wäre, tät ich mich schämen, weil ich die Menschen nicht besser hingekriegt habe. Die streiten sich ja nur« (Michael).

Zu langsam
»Lieber Gott, bist du wirklich vorhanden? Manche Menschen glauben das nicht. Wenn ja, dann solltest du aber manches etwas schneller tun« (Peter).

Halb und halb
»Ich stelle mir Gott vor, daß es ihn gibt und nicht gibt. Man kann sagen halb und halb« (Christian).

Die Ungläubigen
»Lieber Herr Gott, was denkst du über die Leute, die nicht an dich glauben? Irgendwer will das wissen.« (Dieser Brief an Gott trägt keine Unterschrift.)

»Es gibt viele Menschen, die nicht an Gott glauben. Die werden sich noch in den Finger schneiden, wenn die mal tot sind« (Sabine, 10).

Zwei Kinderstimmen aus der Sowjetunion: »Gott gibt es, aber ich glaube natürlich nicht an ihn« (Mädchen, 5). »Und weiß Gott, daß wir nicht an ihn glauben?«

Alle Standpunkte
»Das ist der Unterschied: Alle Leute haben verschiedene Standpunkte, aber Mister Gott nicht. Mister Gott steht auf allen Punkten« (Anna, ca. 7).

Mein Draht zu Gott

Ich brauche Gott

Etwas zu beten
»Ohne Gott gäbe es keine Kirchen, und man hätte nichts zu beten. Ich brauche Gott, damit ich was zu glauben habe« (Daniela, 8).

Abends betete ein dreijähriges Mädchen: »Lieber Gott, mach mich fromm, daß ich (zögernd) in der Mama ihr Bett komm.«

Heiligenschein
Günther (4; 7) fragte bei der Betrachtung eines Christusbildes: »Wenn ich auch einmal so fromm sein werde wie der Jesus, bekomme ich da auch so einen schönen Schein um den Kopf?«

»Ich bin Meßdiener. So kommt es, daß ich mich mit Gott sehr gut stehe. Vielleicht werde ich sogar mal Priester. Ein Priester kommt garantiert in den Himmel, weil er nichts mit Frauen zu tun hat« (Torben, 12).

Hoffentlich kennt er mich
»Gott ist für mich unheimlich, weil er so mächtig ist und alles vernichten könnte. Ich hoffe, daß er mich kennt. Wenn nicht, wäre ich sehr enttäuscht« (Peter, 11).

Die Nähe zu Gott
»Wenn ich bete, bin ich ganz nah bei Gott. Ich höre ihn dann fast atmen, so nah ist er« (Jutta, 9).

Ein Erwachsener erinnert sich: »Im Alter von 4 bis 6 Jahren habe ich beim Abendgebet die Augenlider fest zusammengepreßt und die Ohren irgendwie zusammengedrückt, daß ich ein Brausen darin hatte. Das verband sich bei mir mit der Vorstellung, Gott stehe schwebend gerade senkrecht über meinem Kopf. Und nur solange ich dieses Gefühl hatte, glaubte ich andächtig zu sein und die Gewißheit zu haben, daß mein Gebet erhört wurde.«

Unhörbares Schimpfen
»Wenn ich Sünden getan habe, ist er wütend und schimpft. Man kann das aber nicht hören, weil er leise spricht und Latein« (Roman, 7).

Gott sagt nicht alles
»Ich kann mit Gott sprechen. Er antwortet nicht laut, sondern ganz leise. Aber ich höre genau, was er mir sagt. Er sagt mir aber nicht alles. Wenn ich im Unterricht mal etwas nicht weiß, sagt er es mir natürlich nicht vor. Gott will eben, daß ich lerne und im Unterricht aufpasse« (Martina, 10).

Das Beten und der Appetit
»Bei uns zu Hause wird morgens und abends und beim Essen zu Gott gebetet. Ich glaube, Gott erhört uns. Deshalb sind wir auch eine glückliche Familie. Wenn ich nicht bete, schmeckt es mir nicht« (Kathrin, 12).

Kann Christus den Arzt ersetzen?
Eine Siebenjährige sagte, sie glaube nicht an Gott, aber an Christus. »Christus ist meine Medizin. Er heilt Kranke, da brauch ich nicht zum Arzt.«

Angebot
»Lieber Gott, wenn du mir Aladins Wunderlampe gibst, gebe ich dir alles, was du willst – außer Geld und meine Schachfiguren« (Raphael).

Von innen küssen
»Leute lieben von außen rein, und sie können von außen küssen, aber Mister Gott liebt dich innen drin und kann dich von innen küssen, darum isses anders« (Anna).

Einwendungen

Wozu beten?
»Lieber Gott, warum muß ich beten, wenn du sowieso schon weißt, was ich will. Aber ich tu's, wenn es dir guttut« (Sue, 9).

Ein kleiner Junge weigerte sich, seine Gebete zu sprechen. »Ach, sie sind so alt. Gott hat sie so oft gehört, daß sie für ihn auch alt sind. Er kennt sie schon so gut wie ich.«

Stimmengewirr
»Lieber Gott, hörst du alle Leute beten? Das muß dich doch ganz verrückt machen!« (Charles, 8)

Bescherung
Es gab Spinat. Der kleine Stephan sollte das Tischgebet sprechen. Verstockt saß er vor dem grünen Zeug. Schließlich: »Komm, Herr Jesus, sei unser Gast, dann siehst du, was du uns bescheret hast!«

Das gebe ich nicht her
Die Großmutter sprach mit der Vierjährigen das Vaterunser und schloß: »Denn dein ist das Reich und die Kraft und die Herrlichkeit in Ewigkeit. Amen.« Darauf die Kleine mit blitzenden Augen: »Aber meine Herrlichkeit will ich selber behalten! Und meine Kraft geb ich auch nicht her!«

Will er?
Beim Gutenachtlied: »... Morgen früh, wenn Gott will ...« »Aber will er denn? Vielleicht will er nicht!«

Wahrheitsbeweis
»Wir wissen, daß Gott wahr ist, denn die Biblische Geschichte ist seit Jahrhunderten überliefert, und wenn nichts daran wäre, wäre sie längst vergessen« (Peter, 10).

Ideen muß man haben
»Lieber Gott! Ich lese Dein Buch immer wieder gern. Hast Du sonst noch was geschrieben? Ich möchte eines Tages auch ein Buch mit solchen Geschichten schreiben. Woher hast Du Deine Ideen?« (Kurt)

Da war was los
»Lieber Gott! Ich habe alles gelesen, was vor langer Zeit passiert ist. Wie die Sonne stillstand und von David und Goliath und von Daniel in der Löwengrube und die Geschichte vom Fall Jerichos. Zu deiner Zeit ist ja allerhand passiert« (Rudolf).

Mehr Geschichten
»Lieber Gott, könntest du bitte noch mehr Geschichten schreiben. Wir haben in der Schule alle gelesen und fangen wieder von vorne an« (Emily).

Frau Gott
Frage an Herrn Gott: »Warum kommt der Name von Frau Gott in der Bibel nicht vor? Warst Du nicht mit ihr verheiratet, als Du Dein Buch schriebst?« (Uwe)

Schulstunde
Ernst (6; 1) gab dem Kanarienvogel Unterricht: »Jetzt ist Religion. Na, was denkste, an welchem Tag du erschafft bist? Na? Am Freitag natürlich, da wurden Vögel gemacht und Fische – deswegen gibt's vielleicht auch am Freitag immer Fisch.«

Sündenfall
»Die Schlange hat etwas Schlechtes zu Adam gesagt, und da hat der Adam Kleider angezogen« (Brian, 8).

Vertreibung aus dem Paradies
Im Kindergarten wurde die Geschichte von der Vertreibung aus dem Paradies erzählt. Dort verflucht Gott die Schlange mit den Worten: »Auf dem Bauche sollst du kriechen und Staub fressen dein Leben lang.« Und Adam und Eva werden durch den Engel hinausgetrieben.
Die Erzieherin fragte: »Was hat der Engel gesagt?« Gabi zeigte auf: »Auf dem Bauch sollst du kriechen und Staub wischen dein Leben lang.«

Arche Noah
»So eine Gemeinheit, daß Noah nur so wenige Tiere in die Arche nahm.«

»Waren die Fische in der Arche Noah oder waren die in der Sintflut?«

Verwandtschaftsverhältnisse
Wenn Jesus Gottes Sohn ist, dann ist Mutter Maria »die Frau vom lieben Gott. Und was hat der Joseph noch dabei zu tun?«

»Gehört Mutter Natur zur Familie von Gott?« (Linda, 9)

Mehr Zeit für gute Taten
»Konnte Jesus sich nicht später kreuzigen lassen? Dann hätte er in seinem Leben noch viel mehr Gutes tun können« (Wolfgang, 9).

Der gedemütigte Gott
Isolde Kurz schreibt: Wir Kinder »konnten uns Göttliches nur im höchsten Glanze denken. Warum, warum ließ Jesus sich das alles gefallen? Geohrfeigt, gepeitscht! Ein Gott! Warum holte er keinen Blitz vom Himmel? Unmöglich! Nein, dagegen empörte sich unser Gefühl.«

Engel
»Bluten Engel auch, wenn sie sich weh tun?«

»Der Unterschied von einen Mensch und einen Engel ist leicht. Das meiste von ein Engel ist innen, und das meiste von ein Mensch ist außen« (Anna).
(Siehe dazu auch die Zeichnung im Bildteil, S. V)

Kinder sind Künstler ohne Können und fordern unsere Rezeptionsfähigkeit heraus

Kinder sind natürlich keine Künstler mit Kunstfertigkeiten, »Willen zur Form« und Wirkungsabsicht. Aber sie sind Künstlern wohl insofern verwandt, als sie eine erhöhte Eindrucksfähigkeit mit einem gesteigerten Ausdrucksbedürfnis verbinden. Kinder und Künstler gelten als besonders phantasievoll und reich an Einbildungskraft.

Der Ausgangspunkt künstlerischer und kindlicher Phantasietätigkeit ist freilich unterschiedlich. Der erwachsene Künstler verfügt über angemessene gedankliche Abbilder von Wirklichkeit, geht von ihnen aus und überschreitet sie in seiner ästhetischen Phantasietätigkeit. Das Kind dagegen verfügt noch nicht über solche stabilen Abbilder, sondern erarbeitet und erprobt sie auf spielerische Weise. Es will der Wirklichkeit erst habhaft werden.

So erscheinen uns Kinderbilder oft als »phantastisch«, weil sie Wirklichkeit verzerrt, verdreht und versatzstückartig wiedergeben. Besonders das Vorschulkind zeichnet nicht ab, was es distanziert beobachtet, sondern gibt wieder, was es von den Dingen gerade weiß oder woran es gerade denkt. Die Frage, ob Inhalt und Form, Gehalt und Gestalt zusammenstimmen, ist den kleineren Kindern noch fremd. Sie taucht erst bei bewußt künstlerischer Tätigkeit auf.

Der Sinnenschein, den das Kind aufnimmt oder erzeugt, ist aus der Gesamtperson noch gar nicht scharf ausgegliedert. Er wird als Totalerlebnis empfangen und gestaltet, ist noch nicht getrennt von motorischen Impulsen, Gefühlsregungen und Bewußtseinsinhalten anderer Sinnesgebiete. Es ist eben auch diese eigentümliche, oft farbenprächtige Verschwommenheit, die den Reiz der bildnerischen Schöpfungen der Kinder ausmacht.

Die kleinen Quasi-Künstler führen uns in ihren Bildern zum Beispiel vorvisuell-allseitig erfaßte Dinge vor. Da gibt es:

Durchsichtige Dinge
– etwa bunte Ostereier im Bauch einer Henne (folg. Abb., Mädchen, 6) oder den durch die dicke Decke hindurch sichtbaren schlafenden Knaben.

Unsichtbare Dinge
– etwa den Duft einer Blume als bunte Punkte (vgl. Abb., S. 55) oder die unheimlichen Geräusche in der Nacht als über dem Bett schwebende schwarze, sohlenförmige Gebilde, die aus der Zimmerecke hervorquellen.

Vielseitige Dinge
– etwa Menschen- und Tierportraits in Seiten- und Vorderansicht zugleich (folg. Abb., Junge, 6; die Punkte stellen Knöpfe dar) oder eine von drei Seiten und von oben einsehbare Burg.

Vielgesichtige Dinge
– Sonne, Bäume, Blumen mit Gesichtern oder ein »Viermännergesicht« (folg. Abb., Junge, 7; vgl. auch Abb., S. 31).

Kinder gestalten zwar ohne »Geschmack«, erzeugen aber nie Geschmackloses oder Kitschiges; das können sie erst später von Erwachsenen lernen. Wir aber können mit Hilfe von Kindern (und der modernen Kunst) erkennen, daß das Optisch-Erscheinungsmäßige an den Dingen nicht unbedingt deren ganzes Wesen ausmacht.
Die Entwicklung der modernen bildnerischen Kunst verbindet sich mit der Entdeckung von »Kinderkunst«. Der Maler Paul Klee (1879–1940) notierte 1912 in sein Tagebuch:

»Es gibt nämlich noch Uranfänge der Kunst, wie man sie eher in ethnographischen Sammlungen findet oder daheim in seiner Kinderstube. Lache nicht, Leser! Die Kinder können es auch, und es steckt Weisheit dahinter, daß sie es auch können! Je hilfloser sie sind, desto lehrreichere Beispiele bieten sie uns, und man muß auch sie schon früh vor einer Korruption bewahren. Parallele Erscheinungen sind die Arbeiten von Geisteskranken, und es ist also weder kindisches Gebaren noch Verrücktheit hier ein Schimpfwort, das zu treffen vermöchte, wie es vermeint ist. Alles das ist tief ernst zu nehmen, ernster als sämtliche Pinakotheken, wenn es gilt, heute zu reformieren.«

Über vielen Arbeiten von Paul Klee liegt ein Hauch von unbefangener Kindlichkeit. Auch einige Arbeiten von Willi Baumeister (1889–1955) scheinen an die Ursprünglichkeit von Kinderzeichnungen zu erinnern. Dieser Eindruck rührt daher, daß sich Baumeister vielfach von ar-

Zwei Menschen in einem Fahrzeug.
(Junge, 4; 7)

chaischen Gestaltungsformen, von kultischen Zeichen und Figuren afrikanischer und orientalischer Naturvölker anregen ließ – und ähnliche Formen finden sich ja gelegentlich auch in kindlichen Darstellungen.
Auch die verspielten surrealistischen Bilder des spanischen Malers Joan Miro (1893–1983) erinnern nicht nur an urgeschichtliche, altindianische Kultmalereien, sondern in einigen Teilen auch an Kinderzeichnungen. Kindlich wirken auch einige Ausdrucksformen des französischen Malers Jean Dubuffet (geb. 1901), etwa der »Flächencharakter« von Bodenebenen und Gebilden darauf oder diverse Kritzelstrukturen.
»Als Kind ist jeder ein Künstler. Die Schwierigkeit liegt darin, als Erwachsener einer zu bleiben«, meinte Pablo Picasso (1881–1973), der selbst offenbar diese Schwierigkeit gemeistert hat.

Meine Tochter lag mit 11 Jahren einmal in einem dicken Schlafsack und seufzte: »Im Schlafsack ist es so warm. Da schmelze ich.« Da fiel mir ein, was Jean Cocteau einmal über Picasso gesagt hat: »Er besaß die Gabe, in den kleinsten Alltäglichkeiten etwas Außerordentliches zu sehen. Einmal sagte er mir beim Anblick einer Badewanne: ›Ist es nicht ein Wunder, daß der Mensch im warmen Wasser nicht schmilzt?‹«

(Junge, 5; 3)

Picasso hat, besonders am Ende der 30er Jahre, eine Reihe von Porträts gemalt, die Vorder- und Seitenansicht vereinigen. Diese ganzheitliche Erlebnisweise, die »standpunktlos« die verschiedenen Ansichten verschmilzt, findet sich auch bei Vorschul- und Grundschulkindern (vgl. Abb., S. 115, 118). Solche Bilder stellen Zwischenlösungen dar bei der Entwicklung der Fähigkeit, nach dem Vollgesicht auch das Profil »richtig« zu zeichnen. Dennoch: Wenn wir das Gesichtsprofil einer uns bekannten Person sehen, so denken wir doch auch die Vorderseite mit – und umgekehrt. Unser Bild einer Person ist allseitig, obwohl wir immer nur eine Seite sehen. Das wird an Kinderbildern deutlich und möglicherweise an den »verrückten« Porträts von Picasso. Die von Erwachsenen gemeinhin bevorzugte Wirklichkeitstreue realistischer und naturalistischer Art ist eben »momentan« und »einseitig«. Mag sein, daß Künstler wie Klee oder Picasso sich die »ursprüngliche Unschuld des Schauens«, das auch die vor-visuelle Gestalt des Stofflichen umfaßt, aus der Kindheit bewahrt und als Künstler kultiviert haben.

Ästhetik des Unscheinbaren

Was gibt es denn da zu sehen?

Das abgebrochene Stück
Anna (ca. 5) wies auf das abgefallene Stück eines schmiedeeisernen Gartengitters. »Jemand soll darüber

was Schönes aufschreiben, aber niemand sieht es.« Die Leute sahen nichts als verrostetes Eisen. Anna aber sah die Farben, die kristallinen Muster an den Bruchstellen. »Sie verstehn es nicht.«

Schneeglöckchen
Die Mutter rief die Kinder in den Garten, um ihnen die gerade aufgeblühten Schneeglöckchen zu zeigen. Georg (4; 11) kam mit geschlossenen Augen durch die Haustüre und über die Wiese angegangen und machte die Augen erst auf, als er dicht vor den Blumen stand. Er wollte sozusagen mit einem Schlage den vollen Eindruck haben.

Blumensträuße

»Mein Vati hat braunes Haar und braune Augen. Er ist wie ein Strauß dunkler Blumen (...) Meine Mutti und meine beiden Brüder sind wie ein Strauß heller Blumen« (Eleanor, 8).

Landschaften

Aussichtsturm
Eine Familie war auf einen hölzernen Aussichtsturm gestiegen und bewunderte hörbar die Landschaft. »Guck mal, die Hügel...« Der Bub aber war damit beschäftigt, daß er eine alte, feuchtdunkle Kerbe im Geländer genau betastete und betrachtete.

Die schiefe Welt
Sinne (ca. 6), im flachen Münsterland aufgewachsen, fuhr zum ersten Mal in ein Mittelgebirge. Das Auto hielt an erhöhter Stelle an. Das Kind stieg aus, sah sich um und rief ebenso verzückt wie erstaunt: »Hier sieht ja die ganze Welt schief aus!«

Mit den Haaren zeichnen
Der Sprachforscher Jacob Grimm (1785–1863) erinnert sich daran, daß die Kinder im Winter »Kornfelder mit den Haaren an den angelaufenen Fenstern machten«.

Schultafeln

Alexander Sutherland Neill (1883–1972), der Pädagoge und Gründer von Summerhill, ging in eine Zwergschule: »Wir schwatzten viel und malten auf unsere schmutzigen Schiefertafeln, die wir mit Spucke und dem Handballen sauberrieben. Unermüdlich spuckten wir auf unsere Tafeln und hielten sie schräg, so daß der Speichel schleimige Muster hinterließ.«

Heinrich Zschokke war anfangs in der Schule überfordert, von Langeweile geplagt und »sah in den geometrischen Figuren, welche uns der Lehrer auf die schwarze Wandtafel abbildete, Irrgärten, Türme und phantastische Brücken«.

Kirchenmusik

»Lieber Gott! Die Kirche ist ja ganz in Ordnung, aber die Musik!
Kannst du nicht ein paar neue Lieder machen?
Dein Freund Bernhard.«

Flecken und Muster

Wasserspiele
Ein Kind saß im Freibad am Beckenrand, schöpfte immer wieder Wasser mit den Händen und ließ es auf die warmen, quadratischen Pflastersteine neben dem Becken platschen. Es betrachtete die verschiedenen Muster und verfolgte, wie die Figuren matter und matter wurden, bis sie verschwanden.

Landkarten
Ein alter Arbeiter erinnert sich an den »morschen Kotten«, in dem er aufwuchs: »Und im Herbst, dann fing das an mit der Feuchtigkeit. Solche Landkarten an den Wänden! Da frißt sich die Feuchtigkeit durch den Putz und macht so komische Muster. Als Kind, wenn ich krank war, im Bett, hab ich die immer studiert.«

Schwammkleckse an der Wand und Fußbodendielen
Der Maler Max Ernst (1891–1976), Mitbegründer des Surrealismus, erzählt, daß das imitierte Mahagoniholz über seinem Kinderbett als »optischer Provokateur« gewirkt und bei ihm Visionen hervorgezaubert habe. Er verweist auf eine Anregung des Malers, Baumeisters und Forschers Leonardo da Vinci (1452–1519):
»Wenn man einen mit Farbe getränkten Schwamm an die Wand wirft und den entstandenen Klecks betrachtet, dann entsteht eine suggestive Wirkung, der Fleck mobilisiert Vorstellungsbilder, die man in sich trägt. Auch für Feinheiten der Darstellung, für Licht und Helldunkel, kann es nützlich sein, sich dadurch inspirieren zu lassen, daß man solch einen Fleck oder auch die Wolken, einen fließenden Strom, die Kohlen auf dem Rost anstarrt.«
Max Ernst ließ sich 1925 zum Beispiel von zerkratzten Fußbodendielen anregen. Er rieb sie und andere Materialien mit Bleistift auf Papier durch (Frottage) und betrachtete intensiv die Zeichnungen. »Da taten sich vor meinen Augen auf: menschliche Köpfe, Tiere, eine Schlacht, die mit einem Kuß endet, Felsen, das Meer und der Regen, Erdbeben, die Sphinx in ihrem Stall, Pampas, Peitschenhiebe und Lavafäden, Felder der Ehre, Überschwemmungen und seismische Pflanzen (…), der Schmaus des Todes, das Rad des Lichtes (…)«.

Lichtspiele

Engel und Sterne
Ein fünfjähriger Junge meinte beständig Engel zu sehen. »Sie sind nicht weiß, sie sind bunt und hell und spielen mit meinen Spielsachen.« Ein Jahr später blickte der Junge in den Nebel hinaus und sagte, er sehe keine Engel mehr, aber kleine glänzende Sterne, die sich vorbeibewegen. »Ist es etwas in meinen Augen?«

Laternenspiel
Die Sozialpädagogin und Publizistin Erna Maria Johansen (geb. 1911) erinnert sich an das »Laternenspiel«

vor der Haustüre, wenn sie auf ihre von der Arbeit heimkehrende Mutter wartete:
»Wenn man in die Scheibenfenster der Gaslaterne blinzelte, konnte man lange Goldfäden aus ihrem Licht herauszwinkern – bis hinunter vor die Füße; wenn sich die Augenlider langsam hoben, zitterten die Lichtbänder, verkürzten sich und sprangen zurück; man konnte sie auf und ab tanzen lassen – ein Bild aus gebrochenen Strichen, eine schräg fliehende Brücke, die man nicht betreten, doch jeden Abend wieder herbeizaubern konnte.«

Das Nachtlicht
Die Erzählerin Gabriele Reuter (1859–1941) denkt an das Nachtlicht ihrer Kindheit zurück: »Etwas Fabelhaftes war auch das Nachtlicht. Ein Glas mit Wasser, auf das eine Schicht Öl gegossen wurde, und auf dieser schwamm wieder ein kleines Fahrzeug aus einem Stückchen Kork und Flügelchen von buntem Karton, die zuweilen eine Nase oder ein Auge oder ein winziges bißchen Wams sehen ließen, weil sie meist aus alten Spielkarten gefertigt wurden. Aus diesen Flügelchen erhob sich das Lichtlein, das die Nächte unsers Kinderschlafes mild durchleuchtete. Aber das Interessante dabei war: schräg in den Ölboden hineinzuschauen. Denn während das Wasser klar blieb, sammelte sich dort mit der Zeit eine Menge von winzigen Dingen an, die wie auf dem Meeresgrunde lagerten: tote Fliegen, Mückenflügel, Streichholzköpfe, Fadenfusselchen, die gleichsam wie in Bernstein eingefangen, in der dicken goldgelben Masse schimmerten. Kein Erwachsener würde je begreifen, wie zauberhaft und anziehend einem Kinde eine so einfache Sache erscheinen kann.«

Das heilige Aussehen des Mondes
»Sieh mal«, sagte Lore (4; 1), »wie der Mond heilig aussieht.« – »Wieso heilig?« – »Weil er so gelb und schön und abendlich aussieht.«

Grünes Haus
Ein Junge (3; 7) malte ein Holzklötzchen grün an und sagte: »In dem grünen Haus wohnt ein grüner Mensch und zwei grüne Kinder und ein schwarzer Hund.«

Der Klang des Wortes
Franz (2; 5) hat sich Lila als Lieblingsfarbe erkoren, weil ihn offenbar auch der Wortklang berauscht. Während er auf das Papier malt, wiederholt er zärtlich den Namen »lila«.

Besondere Stifte
Christine (ca. 3; 9) hat zwei ihrer Stifte besonders benannt: den »Wiesenstift« (grün) und den »Schlafenstift« (blau).

Die Sonnen der Menschen
Auf dem großformatigen Bild eines Mädchens (ca. 6) finden sich drei knatschbunte Menschen, wobei je eine unterschiedliche Farbe (grün, lila, gelb) dominiert. Über den drei Menschen stehen drei Sonnen (mit Gesichtern). Sie sind in jeweils denselben Hauptfarben (grün, lila, gelb) gehalten.

Der farbige Popo
Julius (4; 2) übertrieb heftig: »Tante O. (das Kindermädchen) haut mich, so daß mein Popo rot und blau und grün ist, dann kann man von mir malen. Man nimmt einen Pinsel und legt ein Papier daneben und malt von mir.«

Grüne Blätter, weißer Schnee
Ferdinand (ca. 6) ging im Park spazieren und meinte, wie schön es aussehen würde, wenn jetzt auf die grünen Bäume weißer Schnee fiele.

Dämonisches Zinnober
Der Schriftsteller Bogumil Goltz (1801–1870) erinnert sich, wie die Geschwister in einer selbst gebauten »Bude« im Wohnzimmer »das Wunder des Kolorits«, die

alles verklärende Kraft kostbarer Farbtinkturen erprobten. Sie kolorierten eigene Zeichnungen.
Der größere Bruder »tuschte jetzt mit Zinnober das Dach eines Hauses. Es geriet ohne weiteres dermaßen wunderschön rot, daß dem Künstler sein Werk fast dämonisch objektiv entgegentrat und über den Kopf wuchs. So gab er denn an mich den Pinsel ab, den er vor Alteration über den vollbrachten Zauber nicht ohne Zittern festhalten konnte, und ich tuschte farbenselig zu Ende.«

Kleine Bildbeschreibungen

Es ist hier nicht möglich, einen nur annähernden Eindruck von der Form- und Farbgebung kindlicher Zeichnungen und Malereien zu vermitteln, von merkwürdigen Blickwinkeln, Details, Relationen, Beleuchtungen und Benennungen. Um nur einige bunte Bilder anzuführen (vgl. dazu auch den Bildteil):

Eine Spinne

Ein Mädchen (5; 6) malte die vier Ecken eines Blattes in unterschiedlichen Farbkombinationen rund aus. Sie verband die beiden unteren und oberen Farbecken mit schwarzen bogenförmigen Linien, die in der Mitte des Blattes zusammentrafen, und nannte das Bild: »Große Spinne mit bunten Pantoffeln.«

Drache (Bildteil, S. I)

Max (8) malte einen feuerspeienden »Adalutadrachen« oder »Mäusedrachen« (eine Art von großem Huhn mit Elefantenbeinen und Kamelhöcker samt Auspuff am Hintern) in zweifacher Ausführung.
Einmal von außen: ein buntgescheckter Körper (jedes der dicken Beine andersfarbig), zusätzlich mit runden Farbpunkten verziert. Auf den Körperrändern laufen

überall lila und braune Ameisen herum, die aus einer lila Beule an der Brust des Drachen kommen.
Ein zweites Bild stellt das Innere des Drachen dar: in der Mitte ein gelber »Feuermagen«, von dem aus eine gelbe Leitung in den Rachen führt zum Feuerspeien und eine gelbe Leitung zum Auspuff hinten. Vom Rachen aus führt wiederum eine grüne Speiseröhre in den Magen. Ansonsten laufen überall rote Adern.

Die Sonne

Die Sonne hat oft nicht nur Augen, Nase und Mund, sondern noch eine Brille, rote Pausbacken, einen Schnauzbart oder sogar »blaue Fingernägel« an den blau eingerahmten gelben Strahlen.
Ein Mädchen (ca. 6) malte der gelben Sonne mit grünen Augen, Backen und Schnauzbart ein kräftiges Rot zwischen die grünen Zähne, weil es »da drin so feurig« wäre. Zusätzlich zu den gelben Strahlen erhielt die Sonne unten einen roten Feuerschweif und an der Stirn einen braun rauchenden, mit einem Gitter bedeckten »Auspuff«.

Ein ungefähr sechsjähriges Kind malte eine gelbe Sonne mit violettem Gesicht und Strahlen. Dann krönte es in demselben Violett den nahe darunterstehenden grünen »Pflaumenbaum« mit einer Art von dicker Kopfbedekkung. Auf die Frage, was der Baum da oben drauf habe, erwiderte es: »eine Perücke von der Sonne«.

Maschinen und Fahrzeuge

Meistens sind es Jungen, die neuartige Maschinen mit bunten Gestängen, Hebeln, Armaturen, Leitungen und verschiedenfarbigen Flüssigkeiten in diversen Behältern ausklügeln, z. B. »Salatwaschmaschine«, »Aufräummaschine« oder ein »Spielplatzüberdoppeldeckerauto«: mehrstöckiges Riesenauto mit eingerichteten Zimmern, Treppen, Leitern und vielen Spielplatzgeräten samt Kindern, Eltern, Fahrer (Junge, 7; 2).

Großformatiges Wachskreidenbild: Die Bäume mit grünem Laub und Nadeln brennen. Die rotgelbe Feuersbrunst ragt hoch über den Wald hinaus. Mitten durch das Feuer wird ein vom Maler »erfundenes« Feuerwehrauto gesteuert, das »durch Feuermatsch fahren kann«. Es hat u.a. ein in der roten Feuerhölle gut sichtbares Blaulicht, und es hat die Scheinwerfer gelb aufgeblendet, damit der Feuerwehrmann »alles sehen kann« (Junge, 8; 6).

Blühender Baum

Der Stamm ist in bunte Zeilen aufgeteilt mit jeweils unterschiedlichen ornamentalen Verzierungen. In der fast hutförmigen Baumkrone wachsen drei blühende rote Tulpen, darüber blühende Schlüsselblumen. Rundherum und dazwischen sind wieder, zeilenförmig und bogenförmig angeordnet, Zierformen unterschiedlichster Art (Ulrike, 7).

Ein Buchstabe

Steffi (5; 4) hatte mit einer kleinen Nähmaschine zwei Lochreihen in ein Blatt gemacht – in etwa, leicht geschwungen, die beiden Diagonalen. Dann wurden auf die Lochreihen hintereinander »Perlen« (Punkte) in verschiedenen Farben gesetzt. Sie hielt das Blatt gegen das Licht: »Ein Buchstabe.«

Ungegenständlichkeiten

Die vielen »ungegenständlichen« Kinderbilder in ihrer Farben- und Formenvielfalt können hier nicht beschrieben werden. Sie sind wohl nicht in dem Sinne »abstrakt«, wie Teile der modernen Kunst abstrakt genannt werden können. Denn das Kind kann zu den Dingen noch nicht Abstand halten. Es erfaßt viele Dinge noch gar nicht genau genug, um sie eingrenzen, reduzieren und auf Kernpunkte zurückführen zu können. Die Ungegenständlichkeit der Kinderzeichnungen veranschaulicht die relative Grenzenlosigkeit und Diffusität der kindlichen, affektiv durchwirkten Erlebnisweise.
(Ein Beispiel ist im Bildteil auf Seite IV unten zu sehen.)

Wie das Erwachsenen so vorkommt

Der verhinderte Maler

Antoine de Saint-Exupéry (1900–1944) beginnt die Geschichte vom »kleinen Prinzen« folgendermaßen: »Als ich sechs Jahre alt war, sah ich einmal in einem Buch über den Urwald, das ›Erlebte Geschichten‹ hieß, ein prächtiges Bild. Es stellte eine Riesenschlange dar, wie sie ein Wildtier verschlang.
In dem Buche hieß es: ›Die Boas verschlingen ihre Beute als Ganzes, ohne sie zu zerbeißen. Daraufhin können sie sich nicht mehr rühren und schlafen sechs Monate, um zu verdauen.‹
Ich habe damals viel über die Abenteuer des Dschungels nachgedacht, und ich vollendete mit einem Farbstift meine erste Zeichnung. Meine Zeichnung Nr. 1. So sah sie aus:

Ich habe den großen Leuten mein Meisterwerk gezeigt und sie gefragt, ob ihnen meine Zeichnung nicht angst mache.
Sie haben mir geantwortet: ›Warum sollen wir vor einem Hute Angst haben?‹
Meine Zeichnung stellte aber keinen Hut dar. Sie stellte eine Riesenschlange dar, die einen Elefanten verdaut. Ich habe dann das Innere der Boa gezeichnet, um es den großen Leuten deutlich zu machen. Sie brauchen ja immer Erklärungen. Hier meine Zeichnung Nr. 2:

Die großen Leute haben mir geraten, mit den Zeichnungen von offenen oder geschlossenen Riesenschlangen aufzuhören und mich mehr für Geographie, Geschichte, Rechnen und Grammatik zu interessieren. So kam es, daß ich eine großartige Laufbahn, die eines Malers nämlich, bereits im Alter von sechs Jahren aufgab.«

Das blaue Meer

Gespräch zwischen Mutter und Tochter (7) über ein Bild, das die Tochter nach den Ferien am Mittelmeer gemalt hat.
Mutter: »Was sind denn das für grüne Hügel – mit Schneeresten drauf?«
Tochter: »Das ist das Meer.«
Mutter: »Aber das Meer malt man doch blau. Sonst kann es niemand erkennen.«

Das ästhetische Prinzip

Der Lehrer in der Schule: »Du kannst doch deinen Himmel nicht so dunkel malen. Weißt du, was passieren wird, wenn du ihn so dunkel malst? Dann kippt dein Bild um.«

Der frierende Apfelbaum

Ein Sechsjähriger saß schlotternd, mit zusammengezogenen Schultern am Tisch und zeichnete mit zitternder Hand. Der Vater, etwas spöttisch: »Ist dir kalt, oder hast du Angst vor deinem eigenen Gemälde?« Der Junge: »So friert's ihn« – nämlich den Apfelbaum, den er mit zittrigem Stamm und zittrigen Ästen gezeichnet hat. Der Vater deutete auf die kleinen Kringel: »Und da fallen die Äpfel runter?« – »Das sind die Schneeflocken.«

Das Huhn

Herr Keuner sah die Zeichnung seiner kleinen Nichte an. Sie stellte ein Huhn dar, das über einen Hof flog. »Warum

Hahn (Mädchen, 5)

hat dein Huhn eigentlich drei Beine?« fragte Herr Keuner. »Hühner können doch nicht fliegen«, sagte die kleine Künstlerin, »und darum brauchte ich ein drittes Bein zum Abstoßen.«
»Ich bin froh, daß ich gefragt habe«, sagte Herr Keuner (Bert Brecht).

Die Naiven

Die Erwachsenen betrachteten in der Ausstellung moderne »naive Malerei«. Die Tochter (7; 3) war auch dabei und stellte fest: »Das ist typisch selber gemalt.«

Herausforderung

In einer Ausstellung standen ein Mann und sein Sohn (ca. 13) vor einigen wilden abstrakten Bildern.
Der Vater meinte abfällig: »Das können ja die kleinen Kinder.«
Der Sohn fragte: »Könntest du denn so was?«
Der Vater: »Ich möchte das gar nicht können.«

Auf vielen Kinderbildern ist unten die »Erde« (Wiese, Gegenstände, Figuren) dargestellt und oben der Himmel mit Sonne, Wolken, Sternen usw. Zwischen Erd- und Himmelstreifen aber liegt nichts (Abb. im Bildteil, S. IV oben). Auf Befragen nannte ein achtjähriges Mädchen den farblosen Streifen zwischen Boden und Himmel »die Welt«. Als der Fragende erstaunt guckte, erläuterte die Zeichnerin: »Das, wo man die Berge durchsehen kann« und ergänzte nach einer kurzen Pause: »Die Luft!«
(vgl. Bildteil, S. IV oben)

> Kinder sind Sprachschöpfer und Wortspieler und können unser Sprachgefühl vertiefen.

Für den romantischen Dichter Novalis (1772–1801) ist das Kind »lebendcr Idealist« und »Prometheus« – also ein Wesen, das die geheimnisvolle Ureinheit von Mensch und geisterfüllter Welt vorlebt und fähig ist, den Menschen das Feuer vom Himmel zu holen. Der französische Lyriker Charles Baudelaire (1821–1867) kennzeichnet den Dichter als »Mann-Kind«, einen Erwachsenen nämlich, der »jederzeit das Genie des Kindes besitzt, ein Genie, für das kein Aspekt des Lebens abgestumpft ist«. Bei Walt Whitman (amerikanischer Dichter, 1819–1892), Robert Bridges (englischer Dichter, 1844–1930) oder Rainer Maria Rilke (1875–1926) finden sich empfindsame Passagen, die den ungeteilten »kosmischen Sinn« des Kindes und seine »mitleidende Intelligenz« als eine Grundlage menschlicher Schöpfungskraft hervorheben: Erfahrung der Einheit von Ich und Universum, von Wissen, Sein und Werden, faßbar etwa in den erfüllten Momenten des verschmelzenden Zusammenspiels von dem »natürlichen Genius« des Kindes und dem »Genius loci« einer Landschaft.
Nach dem kindlichen Stammelwort »dada« benannte sich die revolutionäre literarisch-künstlerische Bewegung der Dadaisten während und nach dem Ersten Weltkrieg. Sie versuchten, indem sie mit Wörtern und Sätzen frei spielten, die Sprache zu reinigen und das verlogene Pathos der offiziellen Sprache aus Politik und Kultur lächerlich zu

machen. Auf dem Dadaismus baute auch der Surrealismus auf. Der Schriftsteller André Breton (1896–1966) schrieb im ersten Manifest des Surrealismus von 1924:

»Die Kindheit nähert den Menschen vielleicht am meisten dem wahren Leben, (...) wo alles zum wirksamen Besitz – und ohne Wagnis – seiner selbst beitrug. Durch den Surrealismus scheinen diese Möglichkeiten wieder gegeben.«

Sind Kinder wirklich manchmal, ohne es zu wollen, kleine Poeten? Kinder suchen und hören unentwegt Worte und Sätze. Sie lernen allmählich, daß die Benennungen nicht in den Gegenständen selbst drinstecken oder etwa dinghaft in der Luft herumschwirren zum Aufschnappen. Im ursprünglichen Erleben ist der Name das Ding selbst oder ein Teil davon. Dann löst sich der Name allmählich ab und kann zum Bild des Dinges werden: Das Wort Ball hüpft und rollt. Diese Gesichts- und Gebärdenhaftigkeit der Worte verliert sich dann meist zugunsten eines immer noch sinnlich empfundenen Wortschemas, das die abstrakte Idee hörbar und sichtbar macht. Auch diese sinnliche Verankerung eines Namens kann noch verlorengehen. Übrig bleiben dann oft nur noch Wörter als eine Art von algebraischen Zeichen, die wir nicht mehr empfinden, sondern nur noch kennen.
Dieser lange Weg des kindlichen Spracherwerbs ist voller köstlicher Irrungen, verblüffender Wirrungen und gelungener Versuche. Da wachsen seltsame Blüten empor und fallen merkwürdige Abfälle einer unbeholfenen Originalität an. Poetische Gleichnisse und Lautmalereien stehen neben hanebüchenen Wortgebilden.
Das alles mag für uns eine Erholung von den vielen abgedroschenen Worten sein und ein Hinweis darauf, was in der Sprache über das täglich Gesprochene hinaus noch alles enthalten ist. Gerade die kindlich-schöpferische Handhabung von Sprache, die zu reizvollen Verrücktheiten, überraschenden Neuarrangements und Verfremdungen führt, könnte Erwachsene sprachempfindlicher machen und mißtrauischer gegen die allerorts auftretende Neigung, der Welt mit Wort- und Wahrnehmungsschablonen beizukommen.

Das Wort sitzt im Ding drin

Fragen an ein Kind (knapp 5): »Woher weiß man denn, daß man die Sonne ›Sonne‹ nennen muß?« – »Weil sie leuchtet.« – »Wo ist der Name der Sonne?« – »Drin in der Sonne.«

Den Dingen die Namen ansehen
Ein Junge (5; 6) sagte, man sehe auf allen Dingen drauf deren Namen. Zum Wort »Sonne« meinte er: »Weil es die Sonne ist, die den Namen macht, hat die Sonne mit ihm begonnen, denn die Sonne hat geschienen, dann ist es die Sonne, die Sonne heißt.«

Namen schwer erkennbar
»Die Sterne sind doch sehr weit weg. Woher wissen die Menschen denn, wie die Sterne heißen?« (Joseph, 5)

»Hör mal, Mama, als ich geboren wurde, woher hast du gewußt, daß ich Juri bin?« (ca. 5)

Ein Mädchen (3; 7) trank einen ihr bisher unbekannten Saft und wollte wissen, was das für einer ist: »Welcher Vorname ist in dem Saft?«

Die Namen nachbauen
Ein Junge (6; 6) baute etwas: »Wenn es keine Wörter gäbe, wäre es schön langweilig. Man könnte nichts herstellen. Wie hätte man die Dinge dann gemacht?«

Das andere Schwein
»Wie heißt das Schwein, wenn es nicht im Schmutz liegt?« (Hilde, 5; 5)

Französisch
Max (7) hat gehört, daß die Franzosen kein H sprechen können: »Jetzt weiß ich, was Hund auf französisch heißt: und.«

Farbenschale der Poesie
Isolde Kurz erinnert sich an die »Sommerseligkeit« auf Wiesen und Feldern:
»Wenn ich noch einmal nachempfinden könnte, was das Kinderohr bei den Schillerschen Versen:

Windet zum Kranze die goldenen Ähren,
Flechtet auch blaue Zyanen hinein –

an Fülle des Seins genoß! Die güldenen Halme, das satte Blau und Rot der Blumen sahen mich daraus noch schöner an, durch einen tiefen Goldton aus der Farbenschale der Poesie verklärt. Damals waren die Worte der Sprache keine rein geistige Sache, es haftete ihnen noch eine köstliche Stofflichkeit von den Dingen, die sie bezeichnen, an.«

Groblüsternes
Isolde Kurz erinnert sich auch an unschöne Worte: Ein Gast brachte »eine Tüte voll Zuckerwerk mit, dem er den mir noch unbekannten Namen Bonbons gab. Dieses unschöne Wort für einen so schönen Gegenstand mißfiel mir sehr: in dem nasalen O und in der Verdoppelung der Silbe fühlte ich dunkel etwas Groblüsternes und Unwürdiges.«

Rippe und Lilie
Friedrich Hebbel merzte das Wort Rippe mit den Nägeln aus seinem Katechismus aus, »weil es mir den eklen Gegenstand, den es bezeichnete, immer so lebhaft vergegenwärtigte, als ob er selbst in widerwärtiger Modergestalt vor mir läge (...) Aber Wörter wie Tulpe und Lilie, wie Kirsche und Aprikose, wie Apfel und Birne, versetzten mich unmittelbar in Frühling, Sommer und Herbst hinein, so daß ich die Fibelstücke, in denen sie vorkamen, vor allen gerne laut buchstabierte und mich jedesmal ärgerte, wenn die Reihe mich nicht traf.«

Der Klang von Berufsbezeichnungen
Der Komponist Gustav Mahler (1860–1911) hegte als Kind den Berufswunsch, »Märtyrer« zu werden, weil ihm das fremde Wort so gut gefiel.

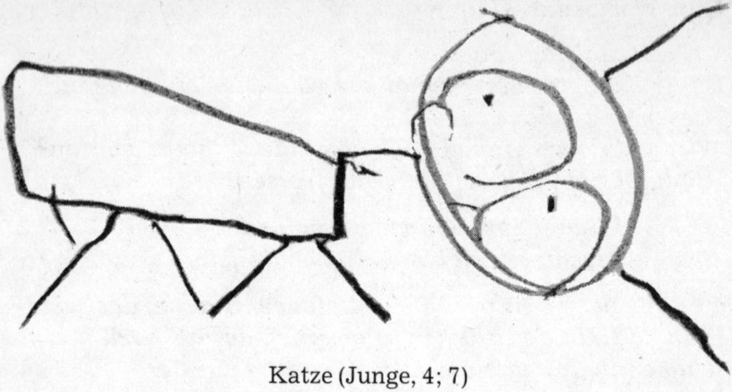

Katze (Junge, 4; 7)

»Als ich noch klein war, habe ich immer Portier werden wollen, weil das so schön klingt« (Janice, 8).

Der feine Pinkel
In der Schule war ein Junge nicht zu bewegen, ein Sprüchlein über den Herrn Zebaoth zu sprechen, weil er sich darunter einen parfumierten feinen Pinkel vorstellte.

Namen für den Teufel in der Hölle
»Das war ein gefährlicher grauenvoller Geselle, Hörner hatte er, eine dreizinkige Mistgabel. Auf französisch hieß er le diable. Die Kinder besprachen ihn leise. Man gab ihm Namen – harmloser war er djible genannt – diauble war der gefährlichste. Für einen Teufel mittleren Grades hatte das Fünfjährige djimble vorgeschlagen« (Mechtilde Lichnowsky).

Abstoßende Wörter
Ein Junge pflückte einen Blumenstrauß, wollte aber durchaus keine Skabiosen dazunehmen, »weil das so einen ulkigen Namen hat«.

»Blöde Wörter!« sagte Cornelia (ca. 8) und deutete auf ein Schild, auf dem BETRETEN VERBOTEN stand. »Wie die blöd aussehen!«

Einem Kind war verboten worden, das Wort Scheiße auszusprechen. Auf dem Gehsteig lag Hundekot. Das Kind zeigte mit dem Finger drauf und sagte: »Da liegt ein schlimmes Wort.«

»Einige Lettern machen Grimassen, andere laufen; es gibt welche, die runde Armbewegungen machen, empört tun, herausfordern oder zu seufzen scheinen; alle aber stehen redlich und treuherzig, ohne umzufallen, auf winzigen Schlittschuhen. Das kleine lateinische e gleicht einem Heuschreckenkopf, das g einer halben Wespe ohne Füße, das kleine a steckt eine Hand in die Brusttasche wie Napoleon«
(Mechtilde Lichnowsky).

Ein knapp Fünfjähriger nannte das S »eine Drehe« und »eine Schlange«; das O bezeichnete er als Kartoffelsack, das H als Fernglas, das A als Dach.

Der Pumpernickel
Gottfried Keller schildert die erste Schulstunde: »In einem Halbkreise mit sieben andern Kindern um eine Tafel herum stehend, auf welcher große Buchstaben prangten, lauschte ich sehr still und gespannt auf die Dinge, die da kommen sollten (...) Der Oberschulmeister forderte uns auf, abwechselnd die sonderbaren Figuren zu benennen. Ich hatte schon seit geraumer Zeit einmal das Wort Pumpernickel gehört, und es gefiel mir ungemein, nur wußte ich durchaus keine leibliche Form dafür zu finden, und niemand konnte mir eine Auskunft geben, weil die Sache, welche diesen Namen führt, einige hundert Stunden weit zu Hause war. Nun sollte ich plötzlich das große P benennen, welches mir in seinem ganzen Wesen äußerst wunderlich und humoristisch vorkam, und es ward in meiner Seele klar, und ich sprach mit Entschiedenheit: »Dieses ist der Pumpernikkel!« Ich hegte keinen Zweifel, weder an der Welt noch an mir, noch am Pumpernickel, und war froh in meinem Herzen; aber je ernsthafter und selbstzufriedener mein Gesicht in diesem Augenblicke war, desto mehr hielt mich der Schulmeister für einen durchtriebenen und frechen Schalk, dessen Bosheit sofort gebrochen werden müßte, und er fiel über mich her und schüttelte mich eine Minute lang so wild an den Haaren, daß mir Hören und Sehen verging.«

Buchstabennudeln
Ein Mädchen (8) weigerte sich in einer Mischung aus Ernst und Spaß, die Buchstaben aus Nudeln in der Suppe zu essen, weil sie sich nicht sicher war, »was die im Magen anrichten«.

Fliegende Buchstaben
Erwin (12) beschrieb, wie es beim Lesen ist: »Es ist wie in einem Film (...) Die Buchstaben fliegen dahin wie ein Flieger durch die Lüfte.«

Wortleiber

Krokodil
Für Kinder können viele Wörter das Aussehen des Benannten annehmen. Vorzüglich eignet sich zum Beispiel das Wort »Krokodil« (insbesondere in Handschrift): der schlanke Körper und rechts das Maul.

Der eigene Name
Als Charlie Chaplin in der Schule seinen Namen »Chaplin« schreiben lernte, faszinierte ihn das Wort. »Es sah, wie ich fand, ganz aus wie ich.«

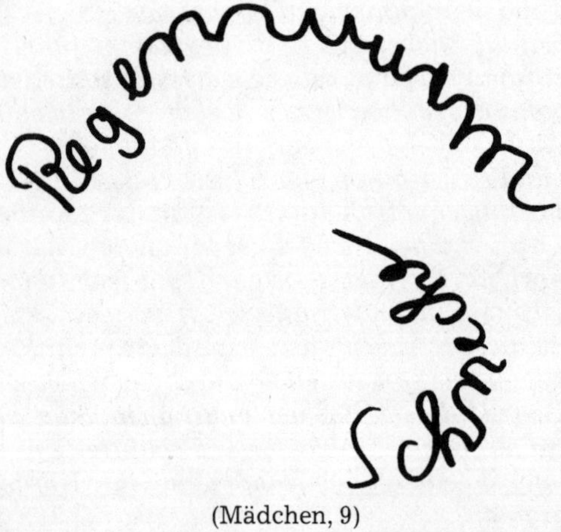

(Mädchen, 9)

Das unheimliche Wort »schwarz«
Ein Erwachsener hat heute noch, wie als Kind schon, beim Wort ›schwarz‹ den Eindruck des Aufragenden und Schattenwerfenden. »Das schw- scheint mir etwas, über das man gleichsam erst hinüber muß, um zum eigentlichen Wort zu kommen, das, mit einer Abwehrgeste gegen den Beschauer, diesem fast unheimlichen Charakter gibt.«

Ein Beispiel aus dem Englischen
»Das Wort ›green‹ hat ein Gesicht wie ein Wasserspeier, aber mit Hinzufügung von großen Zähnen. Das Wort ›blue‹ blickt einfältig drein und sieht nach rechts, das Wort ›attention‹ hat die Augen weit nach links gewendet.«

Das sprechende Buch
Jean-Paul Sartre bekam als Kind aus einem neuen Buch vorgelesen und bildete sich dabei ein, daß das Buch spreche: »Sätze kamen daraus hervor, die mir Angst machten: wahre Tausendfüßler, ein Gewimmel von Silben und Buchstaben, sie streckten ihre Diphthonge vor, ließen die Doppelkonsonanten vibrieren; singend, nasal, unterbrochen von Pausen und Seufzern, reich an unbekannten Wörtern; so erfreuten sich diese Sätze an sich selbst und an ihren mäanderhaften Windungen, ohne sich um mich zu kümmern.«

Vitale Zahlen

Franz (5; 3) fand, daß eine 5 »streng« und eine 4 »weich« aussehe.

Günther (5; 6): Die (etwas schräg stehende) »5 sieht aus, als ob sie rennt, und die 6, als ob sie langsam geht«.

Ein Junge (5; 6) hat aus Versehen eine 7 in Spiegelschrift geschrieben. »Die will bloß den andern mal guten Tag sagen.«

Kindesetymologie

Günther hatte gehört, daß der Ozean ein ganz großes Meer sei. Er überlegte: »Ozean heißt's, weil man doch, wenn man ihn sieht, ooh! ooh! sagt.«

Ein Kind antwortete auf die Frage, wo Amerika liege: »Am Meer.«

Nach der Erklärung seitens der Eltern, was ein zoologisches Museum sei. »Das heißt wohl so, weil da die Tiere in einem See schwimmen.«

Ein Kind deutete auf den Postboten und sagte, da sei ein Apostel.

Die Tochter (5) wollte nicht mit ins Theater. »Da muß man immer Tee trinken und weinen.« (Die Vorstellung des Weinens erklärte sich aus dem Alltagsgebrauch des Wortes Theater: Mach nicht so 'n Theater!)

»Machen immer die Nachtigallen Nacht?« (Hilde, 3; 9)

Aus Gänseblümchen »trinken die Gänse Honig« (Max, 3; 3).

Ein Junge (5) erfuhr, daß es früher keine Teerstraßen gab. »Dann gab es auch weniger Militär.«

Klangspiele und Nachklänge

Töne, Rhythmen, Reime

Bubi (3; 11) stand auf der Küchenbank, schwang rhythmisch einen Kochlöffel und sang leiernd:

»esse kusse rege
dina musse nege
holla tschingda dimda
eier kusse rimda« usw.

Max (4; 6) »las« aus einem Buch vor, Steffi (3; 0) gackste rhythmisch mit:

»ule tigte müle ta
istn fazi heili na
istn ule fidl kig
kochl kichl lampe fig« usw.

Um nur einen der vielen Auszählverse zu nennen:

»enne denne
dubbe denne
dubbe denne dalia
ebbe bebbe bembio
bio bio buff.«

Auf einem Schulhof klatschten Mädchen abwechselnd in die Hände und auf die Schenkel:

»fli flei / fli flei flo
avesta / no no nonono
avesta / enemene texamene
oh oh oha / texamene zaramene
oh oh oha / iz bedi ohm
ohm bohm bobo / indidn dadn« usw.

Der kleine Wolfgang Amadeus Mozart (1756–1791) hatte eine Melodie komponiert, die er täglich vor dem Schlafengehen mit seinem Vater zweistimmig sang. Der Text lautete:

»oragna figata fa marina gamina fa.«

Vorschulkindern macht es oft großen Spaß, sich Reimwörter zusammenzusuchen: Hut – Mut, Wecker – Stecker usw. Fehlen ihnen Reimworte, so erfinden sie sich welche: Vogel – Nogel, Schaukel – Haukel.

Vergnüglich für Vorschulkinder (und Erwachsene) kann es auch sein, wenn das Kind mit der Schreibmaschine willkürlich ein Blatt vollschreibt und der Erwachsene die seltsamen Lautfolgen dann vorliest.

Kirchenglocken
Kinder können hören, daß Kirchenglocken nicht einfach nur bimbambimbam machen, sondern z. B. »lingdongmang« oder »beim« für die Viertelstundenschläge und »blo – äum« für die Stundenschläge.

Groß und klein
Manchmal wechseln die Vokale der Namen nach der Größe von Dingen. Ein Kind sagte zum Vater, wenn er am Tisch saß, »Papa«; wenn er aufgerichtet vor dem Kind stand: »Pupu«; wenn er im niedrigen Sessel saß: »Pipi«.

Hell und dunkel
Ein vierjähriges Mädchen sagte: »Der Vati spricht wie der Weihnachtsmann: bumm – bumm – bumm. Ganz dunkel wie die Nacht. Wir sprechen ganz hell, wie zu Mittag: bimm – bimm – bimm.«

Dinge und Menschen umtaufen

Wenn sich der Name für das Kind allmählich vom Ding löst, wird es möglich, die Welt spaßeshalber auf den Kopf zu stellen. Dabei genießt das Kind auch, daß es die richtigen Namen schon beherrscht.
Wenn Kinder dann älter werden, erfahren sie spielerisch, was die in ihrer Sprache festgefahrenen Erwachsenen oft gar nicht mehr bedenken: daß kein Gegenstand so mit seinem Namen verbunden ist, daß man ihm nicht einen anderen geben könnte. (Eben das macht ein alter Mann in einer der »Kindergeschichten« von Peter Bichsel. Die Geschichte heißt: »Ein Tisch ist ein Tisch.«)

Austausch
Natasha (4; 1) spielte mit sich selbst. In schnellen Bewegungen zeigte sie
- *auf ihre Nase: »Das ist mein Fuß«*
- *auf ihre Augen: »Das ist meine Nase«*
- *auf ihren Fuß: »Das sind meine Augen«*
- *auf ihren Mund: »Das ist mein Hals« usw.*

Ganz schnell sprach sie dann:
»Mein Gesicht ist mein Bauch,
mein Bauch sind meine Augen,
meine Augen sind meine Zunge« usw.
Dabei gluckste sie vor Vergnügen.

Das neue Hochdeutsch
Stefan (erstes Schuljahr) hat in sein Heft geschrieben: Das Wasser ist tef. Die Mutter bat ihn, den Satz vorzulesen. Stefan las »... tief«. »Wirklich tief?« fragte die Mutter. »Warum fragst du so komisch?« – »Weil dort ein komisches Wort steht, nämlich tef. Du hast das i vergessen.« – »In der Schule haben wir es so gelernt«, behauptete Stefan. »Wie interessant!« – »Wirklich, Mama, man schreibt ›tef‹ und sagt ›tief‹.« – »Vermutlich ist das eine Fremdsprache, die ich nicht kenne!« – »Nein, Mama, das ist das neue Hochdeutsch!«

Schimpfworte
Zwei Jungen beschimpften sich fröhlich durch eine Hecke hindurch, welche die elterlichen Grundstücke trennte. Nachdem »blöd« und »doof« nichts mehr hergaben, ging es weiter:
»Dummer Gummibaum!« –
»Alte Topsau!« –
»Stinkige Matratze!« –
»Blöder Gartenschlauch!« –
»Alberne Wühlmaus!« –
»Kaputte Fahrradklingel!« –
»Straßenstück, mistiges!« –
»Bonze!«

Liebkosungen
Die Schriftstellerin Ingeborg Bachmann (1926–1973) charakterisiert die wechselseitigen sprachlichen Liebkosungen von Dreizehnjährigen: »Die Kinder sind verliebt und wissen nicht in wen. Sie kauderwelschen, spintisieren sich in eine unbestimmbare Blässe, und wenn sie nicht mehr weiterwissen, erfinden sie eine Sprache, die sie toll macht. Mein Fisch. Meine Angel. Mein Fuchs. Meine Falle. Mein Feuer. Du mein Wasser. Du meine Welle. Meine Erdung. Du mein Wenn. Und du mein Aber.

Entweder. Oder. Mein Alles… mein Alles… Sie stoßen einander, gehen mit Fäusten aufeinander los und balgen sich um ein Gegenwort, das es nicht gibt.«

Geheimsprachen

Geheimgespräche
Bruder (5; 4) und Schwester (3; 9) führten gebärdenreiche, singsangartige Geheimgespräche: »Gimblstofalntroch…«

Geheime Botschaften
Ein Junge hinterlegte seinem Freund eine geheime Botschaft (»terattalisteruttaallaschoming…«), indem er das Papier unter einem Busch vergrub.

Geheimes Ende
Steffi (10; 3) schrieb mit einer Schreibmaschine aus ihrem Lesebuch den Beginn einer Geschichte ab, die sie dann in »Geheimschrift« fortsetzte. Sie bat die Eltern, ihre Geschichte vorzulesen und zu entziffern:
»An einer moosigen Gartenmauer hauste eine Schnecke, die einen Sommer lang darauf gelauscht hatte, was die Vögel zwitscherten. Als nun Kudunmgstezmxujgdh jkhutez tuhspq kjedzu bmhft. Jgurz msmxk! Hdge kuigt nmgodze?« usw.

Wörter in Zahlen schreiben
Fynn faßt die Überlegungen des kleinen irischen Mädchens Anna zusammen:
Konnte man also alle Zahlen in Buchstaben schreiben, so

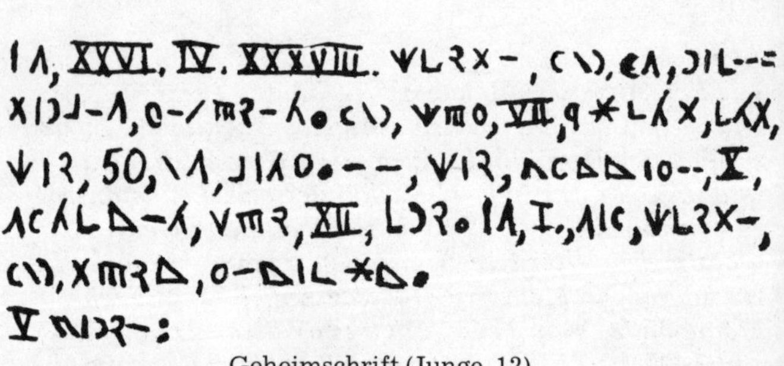

Geheimschrift (Junge, 12)

folgte daraus, daß auch alle Wörter in Zahlen geschrieben werden konnten. Das einfachste war also, man numerierte das Alphabet durch. So erhielt man für jeden Buchstaben eine Zahl, und fertig war die Geheimsprache. Mister Gott schrieb sich dann so: 13.9.19.20.5.18.7.15.20.20. Verwandelte man das noch einmal in Wörter, so hieß Mister Gott fortan eine Milliarde, dreihunderteinundneunzig Millionen, neunhundertzwanzigtausend, fünfhundertachtzehn und sieben Millionen, einhundertzweiundfünfzigtausendundzwanzig. Eindrucksvoll und sehr geheim, nicht wahr. Verkürzte man das Ganze einfach auf ›Mister G.‹ und ließ auch noch das ›Mister‹ weg, so kam man schlicht mit SIEBEN aus. Mister SIEBEN, das würde gehen, und das klang noch viel geheimer.

Aufgabe für den lieben Gott
»Lieber Gott. Wenn du so klug bist, versuche meine Geheimschrift zu lesen
VDOL RBT CLIKSNT PSO KLHSM ATFO
Wenn du es lesen kannst, laß es morgen regnen. Dann weiß ich Bescheid.«

Hopscode
Man kann sich auch durch Hüpfen ausdrücken: »Da brauchte man für jeden Buchstaben eine Anzahl von Punkten und Strichen (...) Ein Hopser links war ein Punkt, ein Hopser rechts ein Strich. Ein Hopser auf beiden Füßen bedeutete das Ende des Wortes. Fabelhaft. Wir übten die neue Sprache und brachten es dabei weit (...)« (Fynn).

Eine kleine Sammlung kindlicher Gelegenheitswörter

Diese Gelegenheits- und Verlegenheitswörter, die ebenso rasch geprägt wie wieder vergessen werden, stammen von Kindern zwischen zweieinhalb und gut sieben Jahren. Alle diese Ausdrücke sind, gemessen an der Sprachkonvention, eigentlich unrichtig – und dennoch lohnt es sich, hinzuhören.

abdrecken	reinigen
abgesattet	gesättigt

abgewachsene Haare	Kahlkopf
Akifabu	Name für ein Fabeltier
Amaus	Tier, analog zu Ameise
Arschfotz mit Soße	Schimpfname
aufen	aufmachen
auftramplich	laut auftretend
Augenvorhang	Lid
ausgerutschtes Licht	flackerndes Licht
außen	herausnehmen
barfuß am Kopf	kahlköpfig
Baumstengel	dünner Baumstamm
benacken	ausziehen
bielen	liebkosen
Bittbarkeit	Haltung des Wünschens und Bittens
bitterheiß	zu heiß zum Trinken
blänzende Sonne	glänzende und blendende Sonne
Blaserich	Trompeter
Blätterblume	Strauch
Bleistiftbrett	Lineal
Blinklicht	Blitz
Blumenmuseum	Botanischer Garten
Blumentüll	blühendes Gras
bösewichteln	unartig sein
bratige Kartoffeln	Bratkartoffeln
brausig	so ist ein Wasserfall
Brennanzüge	Uniformen der Feuerwehrleute
Brennlicht	Stern
brillen	durch eine Brille gucken
Brumbe	Hummel
Brustschenkel	dicke Oberarme
Brust vom Fuß	Ferse
butterlich	mit Butter beschmiert
Dampf vom Wasser	Luftbläschen im Wasser
Darikrex	Name einer Phantasiemaschine
dickbäuchige Beine	Beine mit dicken Waden
dieben	stehlen

Dummheider	einer, der Dummheiten macht
dunkelweiß	grau
Durchfall in der Nase	Schnupfen
Eichkörnchen	Eichkätzchen und Eichhörnchen
eisheiß	äußerst heiß
entlichten	auslöschen
sich entnähern	sich entfernen
erpflücken	erreichen und pflücken z. B. Äpfel
feuerglütrig	geht die Sonne unter
Fischglassplitter	Schuppen
fliegende Stiefmütterchen	Schmetterlinge
fortrauschen	abtreiben, in einem Bach
frühlingssüß	Kosewort für die Mutter
fürchtlich	ängstlich
Fußflügel	Flossen des Seehundes
gästrich	für Gäste bestimmt
gebieglich	gelenkig
Gebuhne	wallende Luftbewegungen
die Gehe	Weg
das Gemelkte	Euter
Geschenkvater	Vater des Geburtstagskindes
gottig und betig	Kennzeichnung des Gebetbuches
Grimaske	Grimasse und Maske
Gumal	Name für eine unbekannte Blume
Gumpit	Schimpfname
gutnachieren	gute Nacht sagen und gratulieren
Haarflamme	abstehende Locke
halbblau	lila
Hand der Uhr	Zeiger
Heisertee	Hustentee
heißes Gras	Brennessel
hellschwarz	grau
hergeblasen kommen	die Musikkapelle

Himmelsaugen	Sterne
Himmelseis	Hagel
Himmelsvögelchen	Schneeflocken
hinaufgeliebt	den Schoß der Mutter erklommen
Hinterfinger	Ringfinger und kleiner Finger
Hinternamen	Nachnamen
Hintersack	Rucksack
holzige Locken	Hobelspäne
Hoppereh	Känguruh
Hose mit Dach	Hose mit Bügelfalte
Huhn am Stiel	Hühnerbein
Hühnerbock	Hahn
in Füßen gehen	barfuß gehen
kaffrig	von Kaffee befleckt
Kahnschiffskutscher	Ruderer
kalte und warme Bäume	kahle und grüne Laubbäume
Keuchelein	kleine Gegenstände
Kindbriefträger	Briefträger, der aus der Ferne klein aussieht
kitzelhaft gucken	als ob man jemanden gleich kitzeln wolle
knurrende Knochen	erschöpfter Körper
Knuspen	kleine eiförmige Pflastersteine
Kopfschläuche	Gehirn
lachig	lächerlich
Lalbich	Bezeichnung eines unbekannten Gegenstandes
landig	ländlich
langsamschnell	mäßige Geschwindigkeit
lauterlei	lauter und allerlei
lebendigen	zum Leben auferwecken
Lese	Schrift
Leuchte	Sonnenkringel auf der Erde
Lichterde	der von der Sonne beleuchtete Fußboden
lieberich gern	äußerst gern

löchlich	durchlöchert
Lufthaue geben	so tun, als ob man jemanden haut
mampeln	liebkosen
matscheln	liebkosen
mauseleer	ganz leer
mausetrocken	ganz trocken
Menschen- und Kofferzug	Personen- und Güterzug
messen	mit dem Messer schneiden
metern	ausmessen
mit ohne nix	ohne alles
Mondschnuppen	analog zu Sternschnuppen
Mörsche	morsche Holzstücke
müdrig	müde und schläfrig
Mumpsel	freundliche Anrede der Mutter
Nachtlichternis	Dunkelheit
Nasserei	Plantscherei
nebelheiß	dampfend heiß
nebensammen	nebeneinander und zusammen
Nilhorn	Nilpferd und Nashorn
pfaffeln	liebkosen
Pferdesohle	Hufeisen
picklig	stachelig
Poddax	Name für den dunklen Matsch aus Erde und Wasser
Pullenich	Bezeichnung eines unbekannten Gegenstandes
Quacksalbe	Hautcreme
raufgestromt	vom Wind nach oben gewirbelt
Rauptier	Schmetterling
rauspoltern	ausklopfen
Regenring	Regenbogen
regnig	durchnäßt
Rettmann	Retter

riesendunkel	sehr dunkel
riesenklein	äußerst klein
rohen	mit schweren Skistiefeln gehen
roopen	Scherzwort für eigene Tätigkeiten
runzeliger Stoff	Samt
schären	schälen und mit der Schere schneiden
schiefgebogene Haare	Locken
Schließe	Klinke
Schnapperin	Blüte des Löwenmauls
schneekalte Hände	eiskalte Hände
Schritte nachnehmen	in die Fußstapfen treten
Schuckel	halbfreundliche Anrede
Silberammer	Gegenstück zu Goldammer
Silberarsch mit Goldregen	Schimpfwort
sitzsames Kleid	gut sitzendes Kleid
Sonnenbogen	Regenbogen
Sonnenwurm	Gegenstück zu Regenwurm
spiltern	Flugart der Motte
Spreißeln in der Backe	Bartstoppeln
Stiefbauer	Bauer, der die Schweine scheinbar schlecht behandelt
stimmern	Ticken der Uhr, nachdem sie repariert wurde
Summe	Biene
totes Streichholz	Streichholz ohne Kopf
Trepperei	Bergabhang
Trixiratrox	Name für einen Dinosaurier
trocken regnen	aufhören zu regnen
Trommelpete	Trommel und Trompete
es hat Tropfen gefleckt	es beginnt zu regnen
Türhenkel	Türklinke
übel unterm Knie	lahme Beine
übergestern	vorgestern
die Uhr stimmen	die richtige Zeit einstellen
Uhrstimmer	Uhrmacher

Streifensonne (Mädchen, 7)

unglatt	zerknittert
Unknäuel	unaufgewickelte Wolle
am unmeisten	am wenigsten
unreifer Obstsand	Mohn
Unterblatte	Oblate
vererden	vergraben
verkniet	nach langem Spiel im Knien
verlaufene Beine	müde vom Laufen
verlorene Berge	Findlingsblöcke
versuchen	nicht finden
viel Gesicht	kahlköpfig
viertelheiß	warm
wachseln	zum Wachsen bringen
Waschläppchen	Waschlappen und Ohrläppchen

Wasserentzündung	Lichtreflexe einer Straßenlaterne im Kanal
Wassermilch	Buttermilch
Wauschkap	Bezeichnung für einen unbekannten Gegenstand
weilrum	weil und warum
Weltbuch	Atlas
wengeln	Bewegung von fadenförmigen Pflanzen im Fließgewässer
Wiegeuhr	Küchenwaage mit Zifferblatt
wimpern	blinzeln
Windschiff	Segelschiff
wundergut	äußerst gut
wunderheiß	allzu heiß
wunderscheußlich	äußerst scheußlich
Zahnhimmel	Gaumen
Zahnnicken	Zahnschmerzen
zerlieben	stürmisch liebkosen
Zuckergemüse	Reisbrei mit Streuzucker
zugebändert	zugeschnürt
zugehärtet	zugefroren
Zugluft im Mund	frischer Atem durch Pfefferminz
zurückwachsen	kleiner werden, bezogen auf alte Menschen
zuschleifen	Schleife binden

Kinder sind unentwegte Rollenwechsler und drängen uns zur Vergrößerung unseres Rollenhaushaltes

Im Unterschied zur erwachsenen Person ist das kindliche Ich gegenüber der lebenden und der leblosen Umwelt nur unscharf abgegrenzt und labil. Das ermöglicht die sprunghafte Vielgestaltigkeit der bunt schillernden Rollenspiele, in die uns Kinder oft so gerne einbeziehen wollen.
Genaugenommen ist der Begriff »Rollenspiel« bei Kindern nicht ganz zutreffend; denn es handelt sich hier eher um einen Wandel von Ich- und Du-Bedeutungen, in denen die

kleinen Verwandlungskünstler von Situation zu Situation diffus aufgehen. Da das Erlebnis der eigenen Persönlichkeit noch nicht die Bestimmtheit wie bei Erwachsenen hat, kann das Kind sich viel leichter an die Figur, die es nachbildet, »verlieren«. Tiere, Menschen, Sagengestalten, Maschinen: Das Kind befindet sich in einer steten Verwandlungsbereitschaft. Es nimmt das auf, was die Situationen nahelegen, und läßt sich vom Fluß seiner Vorstellungen treiben. Dabei wird anscheinend das als real erlebt, was intensiv erlebt wird.
Kinder wollen nicht nur sich, sondern auch uns in Pferde, Drachen, Lokomotiven oder Prinzen verwandeln. Wenn wir mitmachen, wird unsere Seriosität keinen Schaden nehmen. Wir haben die Möglichkeit, beherzt Laientheater zu spielen, Grimassen zu schneiden, pathetisch zu gestikulieren und schreckliche Geräusche zu erzeugen. Und wir können uns über uns selber lustig machen.
Mag sein, daß solche Verwandlungsspiele den Erwachsenen nicht nur ihr privates Rollenrepertoire vergrößern helfen, sondern auch ein heimliches Übungsfeld für Distanz gegenüber erstarrten Berufs- und Freizeitrollen darstellen.

Zauberei

Einverleibungszauber

Als es Schweinefleisch zu essen gab, fragte Bubi (4; 2) ängstlich, ob kleine Kinder denn nicht auch »Schweindeln« würden, wenn sie Fleisch vom Schwein äßen.

Derselbe Junge sammelte die Federn auf, die der sich mausernde Kanarienvogel verloren hatte, und erklärte: »Die werd ich meiner Schecke (Spielzeugpferd) zu fressen geben, daß sie auch ein Vögerle wird. Mama, wird ein Pferdel ein Piepvögerle, wenn's Federn frißt, und kriegt's da auch viele Federn?«

Es gab Hähnchen. Oliver (5) wollte unbedingt den Hals essen, damit er »besser atmen« könne.

Mutter: »Jetzt werde ich wie ein Bär brüllen.« Sie tut es.
Julius (3; 7) schreit und weint.
Mutter: »Warum weinst du?«
Julius: »Ja, ich dachte, du hast dich verzaubert.«
Theodor (5; 3) kommt ins Zimmer. Die Mutter brüllt wieder. Julius läuft weg und versteckt sich. Theodor sagt verängstigt: »Ich habe mich doch bißchen gefürchtet.«

Stephanie erfuhr, daß sie auf einem alten Bärenfell saß. Sie meinte: »Früher war ich ein Brummbär, dann bin ich ein Mädchen geworden.«

Mutter lag in der Hängematte. Der Sohn (3; 4) gab ihr einen Schubs und sagte: »Du bist jetzt im Wasser drin.« Auf die Frage, wo denn Wasser wäre, erwiderte er sehr bestimmt: »Nu, hier hat's Wasser, das spritzt doch immer zu die Löcher raus.« Er assoziierte offenbar ein Fischernetz. Dann zog er das Netz über dem Kopf der Mutter zusammen und fragte: »Sollen wir dich einsperren wie einen Vogel?«

Gott zaubert mit

Briefe an den lieben Gott von etwa Achtjährigen:
»Lieber Gott! Ich wäre manchmal gerne eine Schnecke, aber nur dann, wenn ich will« (Andy).

»Lieber Gott, ich möchte ein Vogel sein. Wenn Du das machst, verspreche ich Dir, für lange Zeit um nichts mehr zu bitten« (David).

»Lieber Gott, wenn du machst, daß ich unsichtbar werde, wenn ich es will, tu ich alles, was du willst« (Gordon).

Deutungsspiele

Tierleben

In den Darstellungsspielen der Kinder treiben sich von der kleinen Raupe, die leise quietschend aus dem Apfel (Bettdecke) schlüpft, bis zum dicken Elefanten, der mit seinem Rüssel Trompete spielt, alle nur erdenklichen Tiere herum.

Der Löwe

Von Friedrich Schiller wird berichtet, daß er mit seinem Sohn Karl besonders gerne »Löwen« spielte und als mähnenschüttelnder und brüllender Wüstenkönig auf dem Boden herumkroch.

Hasenskelette

Marcel (ca. 4) und Steffi (6; 6) spielten weitläufig »Häschen« und brachten den Eltern aus dem Wald (Badezimmer) plötzlich »Geld« (Papierschnitzel) mit. Auf die Frage, woher sie das hätten, überlegte das Mädchen und sagte dann, sie hätten »Hasengelette« (Hasenskelette) verkauft. Wo die denn herkämen? »Aus dem Aquarium.« Die Eltern schauten ungläubig. »Aus dem Tieraquarium!«

Nun stiegen die Häschen auf das Sofa und riefen »prima Hasengelette, prima Hasengelette!« Sie verlangten von den Eltern, ihnen mit dem Geld, das sie von den Häschen vorher bekommen hatten, einige imaginäre Hasenskelette abzukaufen.

Seeadler, Krähen und andere

Im folgenden ein (stark verkürztes) Spielbeispiel von Sohn (6; 6), Tochter (4; 11) und Mutter. Hier wird deutlich, wie im Wechsel von Realitätsebenen und durch gegenseitiges Instruieren das Spiel in Gang und der Erwachsene in (auch geistiger) Bewegung gehalten werden.

Der Sohn (S) ist ein Seeadler, die Mutter (M) ist anfangs eine Krähe, die Tochter (T) eine kleine Krähe. Das Szenarium im Kinderzimmer besteht anfangs aus imaginärem Felsen und Meer.

T quietscht babyhaft; M (lachend: »Die kleine Krähe strampelt wie'n fetter Regenwurm«) soll ihr das Fliegen beibringen. M demonstriert Fliegen, läßt dann den Seeadler vorausfliegen.

S: »Soll se (die kleine Krähe) Schwimmflügel haben?«

M: »Uiuiui, rote Schwimmflügel für 'ne schwarze Krähe!«

S: »Schwarze Schwimmflügel!«
Mit großem Kraahkraah und viel Hin und Her geht der Ausflug über Felsen und Meer.
T: »Wir fliegen alle zu den anderen Adlerfreunden.«
S: »Hoffentlich platscht die kleine Krähe nicht ins Wasser.«
Sie tut es. Man holt sie mit viel Aufwand heraus und setzt sie in einen (Puppen-)Kinderwagen, was alle – da eigentlich aus dem Rahmen fallend – komisch finden.
T: »Ich hätte den Kinderwagen erfunden!«
S fliegt mit ausgebreiteten Armen: »Schau mal, wie groß erwachsene Adler sind. Aber ich kann genauso gut fliegen.«
T fliegt beiseite: »Ihr müßt die Kleine wieder einfangen!«
Das geschieht umständlich. Nach einiger Beschäftigung mit »Adlerkaufladen« und »Adlernest« (»aus Stroh und Spucke«) sitzen die Krähen im Krähenhäuschen (unter dem Tisch).
S: »Der Adler täte mit den Flügeln dranstoßen. Da täte es wackeln innen drin.«
Die Krähen quietschen.
S: »Oh, ich hab ja zwei Meter lange Flügel gekriegt. Ich bin schon zehn Jahre alt geworden.«
T: »Ich werd nicht älter.«
Der Adler will dann auch ein großes Haus: »Ich täte mir in der Wohnung eins bauen, aus Spiel ging das. Adler sind schlau.«
Dann kommt ein Gestalten- und Landschaftswechsel: Berge und Almen.
S zu M: »Au ja, du wärst ein Mensch, ja, und tätest ein Adlernest gesehen haben.«
T: »Und ich wär ein kleines Murmeltier, murmelmurmel.«
Der Adler nistet auf Felsen und Almhütten, das Murmeltier gräbt (mit dauernder Selbstkommentierung) Gänge und so weiter. M meint dann, in den Bergen gebe es keine Seeadler.
S (herablassend): »Du weißt nicht mal, daß da hinten ein See ist, ein riesiger.«
M meint, Seeadler gebe es nur am Meer.
S: »Da hinten ist doch die Grenze und das Meer!«

Riesenbergwanze (Junge, 7; 2)

M: »Wirklich?«
S: »Ich zeig's dir. Ich geb dir meine Hand, dann kannst du mit mir fliegen.«
Das Murmeltier krabbelt eilig hinterdrein. Schließlich sitzen Adler, Mensch und Murmeltier auf Felsen am Meer.

Vogelweihnacht
Nachdem der Christbaum seinen Dienst getan hatte, wurde er mit Vogelfutter behängt und auf den Balkon gestellt. Bald kamen die Vögel. Ernst (8; 7) stellte sich mehrmals an die Balkontüre, schaukelte mit seinem Oberkörper hin und her und beruhigte die draußen auffliegenden Vögel: »Na, keine Bange! Ich bin doch bloß euer Christkind und flieg hin und her – hin – und her.«

. . . .

Menschenleben

Schornsteinfeger und Taube
Bubi (3; 1) stellte ein Fußbänkchen auf einen Stuhl, kletterte hinauf und behauptete, als er »Bubi« angeredet wurde: »Ich bin doch der Schornsteinfeger auf'm Dach,

und da is eine Taube auf meinem Dach!« Hierbei deutete er auf eine leere Stelle auf dem Fußbänkchen. Nach einer Weile kletterte er von seinem Dach herunter, und als er scherzend gefragt wurde, wo denn nun seine Taube sei, erklärte er eifrig: »Nu ich hab doch die Taube so an Swänzel angefassen, und da is se weggerennt, und da bin ich mit der Taube weggerennt.«
Nach einer kleinen Pause kam Bubi mit entrüstetem Gesicht herbei: »Ein Mann hat sich auf meinen Platz gesetzt!« Er hatte einen Spazierstock über die Stuhllehne gehängt, und dieser mußte nun wegen seiner Frechheit durchgehauen und in die Ecke gestellt werden, dann erst nahm der Junge befriedigt seinen Dachplatz wieder ein.

Menschenfresser und Ritter
Ein »Menschenfresser« (Max, 5; 5) klopfte am »Gerüst« (Rüstung) des »Ritters mit dem Luftballon« (Stephanie, 3; 8) an. Der Ritter sagte »herein«. Der Menschenfresser fragte an, ob er ihn fressen dürfe. Das machte dem Ritter nichts aus, und so wurde er auf einer »Ofenplatte« (einem Brett) erst »gebraten« und dann verspeist: »hamham«.

Wandlungen
Nach dem wilden Spiel von Reiter (Sohn, 6) und Pferd (Vater auf allen vieren) ruhte sich das Pferd, auf dem Teppich liegend, aus. Da legte sich der Sohn auf den Rücken neben den Vater und stellte sich vor als »das berühmte Baby aus Paris, weil es das Heulen erfunden hat«. Es will dem Vater aus einer Flasche einen »Zaubertrank« einflößen, damit er zu einem »Flugdinosaurier« namens »Wixiratopf« wird.
Nun zeigten Schwimmbewegungen des Jungen an, daß das Zimmer sich in eine Meereslandschaft verwandelt hat. »Haifisch« (Sohn) und »Pottwal« (Vater) brachten mit gewaltigen Flossenbewegungen und Lauten das Meer zum Wogen, worauf sich der Sohn auf einen schwankenden Kahn (Vater) rettete und von dort aus mit einem Stöckchen »Seepferdchen« angelte.

Das Boot auf dem See
Friedensfest im Freien: Hinter dem Sänger auf der Bühne lag der geöffnete Gitarrenkasten. Ein Kind, einen

Stock in der Hand, setzte sich in den Kasten, verwandelte ihn in ein Boot und gebrauchte den Stock als Paddel.

Unsichtbare Spielgefährten

Manche Kinder schaffen sich einen unsichtbaren Freund, mit dem sie reden und spielen und dem sie einen Namen geben. Eine Frau erinnert sich, daß sie sich ein etwas älteres Mädchen herbeigedichtet hat, das sie »Krofa« nannte.

Gebärdenspiele

Kinder können sich und uns nichtvorhandene Gegenstände allein durch das dazugehörige Hantieren vergegenwärtigen.

Hilde (3; 5) ließ sich gerne zum »Einkaufen« schicken. Sie bekam »gedachtes« Geld in die Hand gezählt, rannte in die leere Ecke des Zimmers zum »Kaufmann« und brachte von dort die aufgetragenen Dinge wie Butter, Schokolade usw. pantomimisch herbei.

Der kleine Sohn (3; 2) erklärte die Zimmerecke zum »Kaufladen« und verlangte von der Mutter, alles Erdenkliche einzukaufen. Dann sprang er diensteifrig in die Ecke und drückte mit den Worten »da haste« der Mutter jeweils – nichts *in die Hand. Dabei verlangte der Junge Realitätsgerechtigkeit insofern, als die Mutter nie etwas zum zweiten Male verlangen durfte. Da hatte der Junge ein ausgezeichnetes Gedächtnis. Und wenn der Mutter mal nichts Neues mehr einfiel, kam er ihr entgegen: »Willste vier Liter Wolle? Drei Gläschen Wasser?«*

Günther (5; 10) spielte »Paradieshüpfen« ohne numerierte Kästchen auf dem Boden und ohne Steinchen. Er tat nur so, als ob er die Kästchen aufmalte, fingierte das Werfen mit einem Steinchen, jauchzte, als hätte er das beste Feld getroffen und hüpfte vorsichtig herum, um nicht auf die nichtvorhandenen Grenzstriche zu treten.

Überraschung und anderes mimen
Kindern macht es großen Spaß, bei Erwachsenen ungewöhnliche Gebärden- und Mienenspiele hervorzurufen. Man bekommt einen verrückten Hut auf den Kopf gedrückt und soll entsprechend gucken. Oder man soll mal vormachen, wie der Chef immer tobt.
Die Tochter entschädigte sich dafür, daß sie ihr Zimmer aufräumen mußte, immer wieder mit folgendem Vergnügen: Sie ließ die Mutter schelmisch wissen, daß sie ihr Zimmer doch nicht aufgeräumt habe. Nun mußte die Mutter wütend ins Zimmer stürmen und angesichts der unerwarteten Ordnung eine große freudige Überraschung zeigen.

Maschinenspiele

Körpermaschinen
Beim Spazierengehen spielten die Geschwister (Junge, 5; 2, Mädchen 3; 6) »Maschinen«, die bei Knopfdruck (auf Nase, Hinterkopf, Schulter) langsam/schnell nach vorwärts/rückwärts liefen oder hüpften. Wenn »der Strom ausfiel«, blieben die Maschinen starr stehen. Dann mußte ein Erwachsener mit gewichtigem Mechanikerschritt kommen und umständlich die »Batterien auswechseln« oder »die Kabel flicken«.

Umsteigen
Franz (3; 2) saß neben der Mutter auf dem Sofa, fauchte und pfiff und fragte sie, wohin sie denn mit der Eisenbahn fahren wolle. Dann setzte er sich rittlings auf die Sofalehne und war für einige Augenblicke ein wilder Reitersmann. Er sprang herunter, schob ein paar Stühle zusammen, setzte sich drauf – und schaukelte in einem Motorboot. Er brummte, landete und krabbelte unter die Stühle, »wo er wohnt«. Die Schwester kam zu Besuch, und die Stühle wurden zum Stall für Zirkuspferde.

Platten hören
Max (5; 3) hatte aus den Resten verschiedener technischer Geräte ein Schallplattengerät gebaut. Er drückte verschiedene Knöpfe, drehte an der Pappschallplatte und forderte die anwesenden Erwachsenen auf, laut zu singen.

Dia-Projektor
Ein Junge (6; 1) hatte Farbdias hergestellt, indem er alte Schwarz-Weiß-Filmnegative bunt übermalte. Er holte die Eltern in sein dunkles Zimmer und bat sie, sich auf den Boden zu legen, damit sie die (mittels Taschenlampe in einem Kasten) an die Zimmerdecke unscharf projizierten Bilder besser sehen können.

Tempolimit
Ein Junge (7; 1) baute ein Auto »mit automatischer Geschwindigkeitsbegrenzung«. Die Angaben der erlaubten Stundenkilometer am Straßenrand (an die Zimmerwände geheftet) übertragen sich, wurde erklärt, ohne Zutun des Fahrers auf das Auto. Mitspielende Kinder und Erwachsene sollten ihre gebrummten Motorengeräusche jeweils darauf einstellen.

Unterseeschlafsack
Abends am Bett bat Max (8; 2) den Vater, der eine Geschichte vorlesen sollte, ein wenig zu warten. Er holte sich einen Schlafsack, krabbelte ganz hinein, machte ihn überall zu (»Unterseeschlafsack«) und streckte nur eine Pappröhre als »Hörrohr« hinaus, in das der Vater sprechen sollte.

Spielzeug

Eicheln
Jakob Grimm erinnert sich an das »Sammeln der Eichelhülsen, woraus Armeen rekrutiert wurden, die doppelten waren Offiziere, die verwachsenen mit knotigen Stielen Trompeter und Trommler«.

Kastanien
Der Dramatiker Karl von Holtei (1798–1880) nennt die Kastanie eine »Göttergabe« für Kinder und »zauberhafte Spielgenossin« ihrer Phantasie. »Mir waren die frischen, glänzenden Dinger alles: bald Menschen, bald Pferde, bald wieder leblose Gegenstände, etwa Kugeln, die ich auftürmte, so wie ich die Kanonenkugeln auf den Breslauer Festungswällen gesehen hatte; dann wieder wurden sie, in ausgehöhltem Zustande, zu Waagschalen, und ihr weißer Kern diente als Butter und Käse.«

Heringstöpfchen

Jean Paul (1763–1825) berichtet vom falschen Heringstöpfchen: »Sein Kunstgriff, sich auf dem Lande den Hering zu ersetzen in solcher Ferne von der Küste, bestand darin, daß er, wenn er Semmeln holen mußte, in den Bach watete und leise einen Stein aufhob, worunter eine Grundel oder ein noch kleineres Fischchen zu fangen war. Diese tat er in einen ausgehöhlten Krautstrunk (er stellte eine Heringtonne vor) und salzte sie gehörig ein, und so hätt' er, sobald das Tönnchen voll war, Heringe zu essen gehabt, wenn nicht alles gestunken hätte.«

Mit Schlüsselbüchsen
und Luftpumpenkanonen schießen

Der Schriftsteller Theodor Fontane (1819–1890) entsinnt sich der Schlüsselbüchsen: »Es waren Hohlschlüssel von ganz dünner Wandung, also sozusagen mit ungeheurer Seele, womit die Wäschetruhen und namentlich die Truhen der Dienstmädchen zugeschlossen wurden. Solche Schlüssel uns anzueignen war unser beständiges Bemühen, worin wir bis zur Piraterie gingen. Wehe dem armen Dienstmädchen, das den Schlüssel abzuziehen vergaß – sie sah ihn nie wieder. Wir bemächtigten uns seiner, und durch die einfache Prozedur eines Zündloch-Einfeilens war nun die Schußwaffe hergestellt. Da diese Schlüssel immer rostig, mitunter auch schon ausgesplittert waren, so war es nichts Seltenes, daß sie sprangen; wir kamen aber immer heil davon. Der Engel half.« Heutzutage nehmen die Kinder die Blechrohre von Fahrradluftpumpen, von denen alles abgeschraubt wurde. Ein mittelgroßer Kracher, dessen Zündschnur durch die kleine Öffnung nach außen geführt wird, drückt beim Zerplatzen den Flaschenkorken, der auf der großen Öffnung steckt, mit Macht hinaus.

Teesieb

Zu was allem kann ein Teesieb aus Draht verwendet werden? Mir fielen im Laufe der Zeit bei meinen Kindern folgende Verwendungen auf: als Monokel, als Schirmmütze für den Teddybär, als Schmetterlingsnetz zum Fliegenfangen, als Streuer zur Herstellung von Sandre-

gen, als Schläger und Auffangkorb für Plastikkügelchen, schließlich als Mikrophon, mit einer Schnur an ein auseinandergenommenes Radio geknüpft.

Die schnellen Dinosaurier
Ulrike (ca. 10) veranstaltete mit anderen Kindern zusammen ein Dinosaurierrennen. Sie hatte den Skateboardschlümpfen die kleinen Skateboards abmontiert. Auf denen fuhren nun die Dinosaurier. Sie kämpften auf der Rennbahn, dem schräggestellten Kindertisch, um den Sieg, der jeweils vom großen Geschrei der Kinder begleitet wurde.

Wo fängt eigentlich die Wirklichkeit an?

In den Deutungsspielen der Kinder wechseln oftmals die Wirklichkeitsebenen oder vermischen sich in verblüffender Weise. Da läßt sich die reine Illusion nicht so einfach von der beabsichtigten Fiktion trennen. »So tun als ob« geht nahtlos über in völlige »Selbstvergessenheit«. Den auf allen vieren krabbelnden Vater als Pferd *und* als Vater zu behandeln – das geht eben. Es ist oft ein merkwürdiges Gemisch aus wirklich Geglaubtem, Zweifel am eigenen Glauben, spielend Hingenommenen, beabsichtigter Fiktion und Tatsachenblick.
Die folgenden kleinen Beispiele zeigen gut die vertrackte Logik kindlicher Deutungen und die Überraschungen, die uns bereitet werden.

Die Puppe
Christl (4; 2) brachte der Puppe zu essen. Sie gab ihr ein Stückchen Pappe und sagte: »Jetzt kriegst du eine Semmel. Nein, eigentlich ist es keine richtige Semmel. Aber ich weiß es halt nicht.«

Der Kaufmann
Die Schwestern spielten Kaufladen. Die Mutter kam herein und gab zuerst der Vierjährigen einen Begrüßungskuß. Diese begann zu schluchzen und stieß auf Befragen hervor: »Mama, du küßt doch den Kaufmann auch nicht!«

Das Ungeheuer
David (7) steuerte das Schiff (den umgedrehten Tisch), in dem auch die Mutter saß, durch den Sturm über das Meer. Er stieg noch einmal schnell aus und holte für sich eine Mütze und für die Mutter einen Kinderpullover, den sie sich umbinden mußte: »Ich fand nichts anderes – du darfst ja nicht frieren.« Er setzte sich wieder hin und steuerte. »Halt dich fest! Dort, schau, das Ungeheuer, es taucht, jetzt kommt es wieder. Es schwimmt weg, es hat Angst. Ich schreie mal.«
Die Mutter wollte sich beteiligen, wollte David zeigen, daß auch sie Angst hat. Sie meldete sich zu Wort, schaute in die Ferne und sagte: »Ich sehe ein neues Ungeheuer, paß auf, David.«
Der Junge riß sich die Mütze vom Kopf, stieg aus und schrie die Mutter an: »Du siehst gar nichts, es gibt keine Ungeheuer – die sehe nur ich.«

Schnarchen
Die Mutter kaufte etwas beim Kaufmann (Hilde, 5; 10) ein und sagte, sie werde es morgen abholen lassen. Da ging Hilde in ihren »Laden« und schnarchte im Stehen einige Male laut und herzhaft. Dann sagte sie vergnügt: »Nun ist morgen.«

Geschwister
Die zwei Schwestern spielten eifrig im Kinderzimmer. Die Mutter guckte zur Tür hinein und fragte, was sie gerade spielten. »Wir spielen zwei Schwestern.«

Zentaur
Steffi (10; 8) lief beim Waldlauf neben dem Vater her und spielte dabei Reiten. Sie trabte, galoppierte. Gelegentlich hopste und wieherte sie. Sie blickte zum Vater: »Obwohl ich auf dem Pferd sitze, bin ich kleiner als du.« Sie lachte. Nach einer Pause: «Meine Beine sind ein Pferd und oben bin ich ein Mensch – komisch ist das.«
Eins und eins ist eins. Das hat sich lange gehalten. So spielten 1¼ Jahre später Steffi und die etwa gleichaltrige Marion »Reiterhof«. Pantomimisch striegelten sie Pferde, holten Futter und karrten den Mist weg.
Dann übten sie Springreiten über vorher aufgebaute

Hindernisse und erklärten dem zuschauenden Erwachsenen: »Die Füße sind die Pferde und der Oberkörper ist der Reiter. Wir müssen uns selbst mit der Gerte eine draufhauen, dann läuft das Pferd unten.«
Manchmal umgingen die Pferde die Hindernisse, manchmal verweigerten sie, manchmal warfen sie einen Balken herunter.
Der Zuschauer fragte, warum sie denn nichtvorhandene Pferde striegelten, aber dann beim Reiten die Tiere mit ihrem Unterkörper darstellten – und warum sie sich zum Beispiel nicht selber die Hufe auskratzten. Da lachte Steffi: »Ich kann mir doch nicht selber die Hufe auskratzen.« Sie trabte an und wieherte. Der Zuschauer sagte spaßeshalber: »Aber das Pferd ist doch unten, *da kannst du doch nicht* oben *wiehern.« Darauf Steffi: »Aber wir müssen doch die Geräusche machen, und das geht nicht unten.«*

Theater

Märchentheater mit Souffleuse

Hilde (5; 5) und der kleine Bruder (3; 3) spielten immer wieder Hänsel und Gretel oder Rotkäppchen. Der Bruder war das Rotkäppchen, die Schwester der Wolf und zusätzlich, je nach Bedarf, die Großmutter, der Jäger usw. Hilde soufflierte dem Bruder ständig, was er sagen sollte. »Jetzt mußt du sagen, guten Tag, liebe Großmutter, wie siehst du denn aus? Was hast du denn für große Augen?« Während der Bruder getreulich alles nachsprach, trieb sie oft schon die Handlung des Stückes weiter, so daß sich zwei Szenen überschnitten.

Heldentheater

Prinzen, Götter und Heroen
Der Schriftsteller Thomas Mann (1875–1955) faßte als Kind zum Beispiel morgens den Entschluß, »heute ein achtzehnjähriger Prinz namens Karl zu sein. Ich kleidete mich in eine gewisse liebenswürdige Hoheit und ging

umher, stolz und glücklich mit dem Geheimnis meiner Würde.«
Zu anderen Zeiten »hüpfte ich als Hermes mit papiernen Flügelschuhen durch die Zimmer, ich balancierte als Helios eine glanzgoldene Strahlenkrone auf dem ambrosischen Haupt, ich schleifte als Achilleus meine Schwester, die wohl oder übel den Hektor darstellte, unerbittlich dreimal um die Mauern von Ilion.«

Kampf um Troja
Auch Isolde Kurz und ihre Geschwister spielten griechisches Heldentheater.
»Der Olymp mit allen seinen Insassen thronte leibhaftig in unserem Garten. Wir selber übten uns fleißig im Speerwerfen und Bogenschießen. In dem quatschigen gelben Obereßlinger Lehm bis an die Ellbogen wühlend, bauten wir die heilige Troja auf, schleppten aus dem Röhrenbrunnen zahllose Wassereimer herbei, um die Windungen des Skamanderbettes zu füllen. Dann verwandelten wir uns selbst in Helden und Götter, und um die Mauern Trojas wurde mit Macht gerungen. Ich trug wie die Brüder Helm und Schild und Lanze aus Pappdeckel und Goldpapier sowie ein mit dem Medusenhaupt geschmücktes Panzerhemd und warf den dicken Alfred, wenn er als Ares anstürmte, im Nahkampf nieder, wobei er vorschriftsmäßig brüllte ›wie zehntausend Männer‹ (...)
Der vierjährige Erwin fiel aber zuweilen aus der Rolle, indem er kleine Stecklein vom Boden aufhob und in den Mund steckte, um zu paffen; das ärgerte die reiferen Götter, und wenn er sich gar nicht belehren lassen wollte, daß ein griechischer Gott keine Zigarren raucht, wurde er für eine Weile vom Spiel ausgeschlossen.«

Kinder sind notorische Grenzverletzer und wollen uns mitziehen

Kinder lernen erst allmählich die uns so geläufigen Unterschiede zwischen öffentlicher und privater Sphäre, Arbeitszeit und Freizeit, Parkplatz und Spielplatz, guter Stube und Kinderzimmer usw. Das Bedeutungs- und Be-

achtungsrelief der Umwelt ist für sie ein anderes als für uns. Kinder ermuntern uns, den Verhaltenssignalen der Dinge zu folgen. Sie wollen mit uns auf Geländern balancieren, Böschungen hinunterrutschen oder in der Kirche brüllen, weil es so schön hallt. Sie wollen in Drehtüren Karussell fahren, auf Rolltreppen in die falsche Richtung gehen und im Kaufhaus Verstecken spielen. Sie möchten weiße Wände bekritzeln, in der Sommerhitze Weihnachtslieder krähen oder im Schnee mit Schwimmflossen watscheln. Manchmal fragen sie wohl auch, ob Christus einen Arsch hatte oder ob auch der Papst pinkeln muß.
Solchen Tatendurst, solche Unordnung in der Wahrnehmung und solche entlegenen Gedankengänge verbieten wir uns in aller Regel. Aber es kann uns angesichts kindlicher Entgleisungen bewußt werden, wie stark wir oft eingezwängt sind in vorgegebene Arrangements des Denkens und Handelns.
Die Konfrontation mit diesen notorischen Abweichlern verweist den Erwachsenen auf die Bedeutung von Handlungsregelungen und Grenzziehungen *überhaupt*. Die Einsicht aber, daß Werte und Normen zur Gewährleistung menschlichen Zusammenlebens notwendig sind, wird gleichzeitig bereichert um die Erkenntnis ihrer Relativität. Erwachsene erleben an Kindern das *Werden* und damit die Machbarkeit und Veränderbarkeit soziokultureller Werte und Normen. Und bei alledem erleben sie, daß sie gerade dann gebraucht werden, wenn ihre Kinder die Welt auf eigene Faust erkunden möchten. Um es mit Natasha (4; 8) zu sagen, die sich auf einer Reise über ihre Mutter ärgerte, wegzulaufen drohte und dann überlegte: »Wie soll ich weglaufen, wenn ich nicht weiß, wo ich bin?«

Ordnungsvorgaben mißachten

Chaos?

Ausgrabungen
In Beates (8) Zimmer sieht es ziemlich chaotisch aus. Aber für Beate sieht es nicht so aus. Vielmehr krempelt sie, wie ihr Vater beobachtet, »ihr Zimmer von Ecke zu Ecke allmählich um – am liebsten auf dem Fußboden –, und es entsteht eine Spielszene nach der anderen, wächst

eine Lebenswelt, in der sie ein paar Minuten, mitunter ein paar Stunden, mitunter auch Tage lebt. Deren Spuren sollen *übrigbleiben, sollen* nicht *zerstört werden, und wenn es der Einfall oder die Umstände so mit sich bringen, wird kurz neben der alten eine neue Lebenswelt aufgebaut.*
Der Blick des Erwachsenen fällt nur auf diese merkwürdige Mischung von Steinen, Blättern, Papierfetzen, Tieren, Federn und dgl., und er kann sie nicht deuten. Darum qualifiziert er dieses Ensemble als Chaos. Anders würde es ein Archäologe machen, der gleichsam auf Ausgrabungsunternehmungen in ein Kinderzimmer kommt. Er würde entdecken, daß in der einen Ecke einmal ein Tierzoo gestanden hat, Steine, Federn und Papierschnitzel sich zu einem Zoo oder vielleicht zu einem Zirkus zusammenfügen ließen. In einer anderen Ecke würde er vielleicht die Reste einer Puppen-Geburtstagsfeier wiederentdecken (...) In einer dritten Ecke wurde vielleicht gehämmert, gesägt, geklebt (...).« So könnte man, »wenn die Älteren nicht dazwischenfunken würden, in Beates Kinderzimmer Schichten unterschiedlicher Lebenswelten freilegen. Mitunter tut sie es selber sogar und entdeckt Spuren vergangener Spielwelten und ist entzückt über diese Entdeckungen und verarbeitet sie neu in die gerade gepielte Welt« (W. Grünberg).

Arbeit und Spaß
Unzählig sind die Versuche von Kindern und Jugendlichen, in der Schule und anderswo Arbeit und Spaß miteinander zu verbinden. Sich durchkitzeln zu lassen und weiterzuschreiben – das muß eben gehen. Sich die Filzstifte, die man gerade braucht, quer durch den Raum zuzuwerfen – das fördert eben die Arbeitslust.
Als ein 13jähriger als Strafarbeit eine Seite aus einem Buch abschreiben sollte, schrieb er pflichtgemäß alle Worte ab – nur nicht in der vorgegebenen Reihenfolge.

Aus der Reihe tanzen

Schlange stehen
In der Lebensmittelabteilung des Kaufhauses hatte sich eine Gruppe von 11–12jährigen Jungen Dosenlimonade

geholt. Sie reihten sich in die Schlange vor der Kasse ein. Sie hüpften, lachten, machten Witze, winkten zu anderen Leuten hinüber und balgten sich. »Ihr seid hier nicht alleine«, schimpfte eine etwa 35jährige Frau und mahnte mürrisch zur Ordnung. Die Kinder fanden das lächerlich, verbargen aber ihr Lachen, indem sie sich die Faust vor den Mund hielten und in sich hineinglucksten.

Das Schönste an der Schule ist die Pause
Auf die Frage, wo er sich in der Pause immer aufhalte, antwortete Ernst (6; 9): »Immer, wo der Rücken vom Herrn Lehrer ist.«

Gebräuchliches und Ungebräuchliches

Malblockunterlage
Die Zehnjährigen sollten das schöne Rathaus abmalen. Auf dem Marktplatz davor standen Tische und Stühle, daneben Autos. Die Kinder legten ihre Zeichenblocks nicht auf die Tische, sondern auf die Motorhauben der Autos.

Sitzgelegenheiten
Wanderung mit einer Kinder- und Jugendgruppe. An einer Feuerstelle mit kreisförmig angeordneten Sitzen sammelte der erwachsene Leiter die Mädchen und Jungen um sich, um etwas zu besprechen. Außer dem Erwachsenen setzte sich kaum jemand auf die dafür vorgesehenen Sitzgelegenheiten. Sie kletterten auf Baumäste, ließen sich im Gras nieder, auf einem umgedrehten Abfallkorb und auf dem Rand der Feuerstelle, die Füße in der (kalten) Asche.

Abenteuer und Mutproben

Grenzgang
Der Abenteuerspielplatz war leer. Einige Kinder spielten neben dem Platz, kletterten einen Maschendrahtzaun hinauf und hinunter, schlugen mit Stöcken an die Hecke und krochen hindurch und rannten auf einer Grenzmauer herum.

Verbesserter Mensch (Junge, 11; 7)

a = dicke Lederhaut, daß man auch auf spitzen Steinen und Glasscherben gehen kann
b = einziehbare Spikes
c = Flügel
d = 4 sehr lange Arme, die man an allen Stellen biegen kann, mit je 10 Fingern
e = viele Augen, mit denen man nach hinten und vorne sehen kann
f = große Ohren, mit denen man besser hören kann
g = spitze Zähne, mit denen man auch Knochen zerbeißen kann

Wellen
Chateaubriand schildert ein Spiel von Kindern bei einer Festung am Meer: »Wenn Flut war und der Sturm blies, peitschten die Wellen oft bis an die großen Türme hinauf. Zwanzig Fuß über dem Fundament einer dieser Türme führte ein granitener, enger, glitschiger Laufsteg entlang; es ging nunmehr darum, den Augenblick zwischen zwei Wellen wahrzunehmen und die gefährliche Stelle zu überschreiten, bevor die Flut sich brach und den Turm überspülte. Dann nahte gurgelnd ein Wasserberg, der einen, wenn man sich auch nur eine Minute verspätete, entweder mitreißen oder gegen die Mauer schleudern konnte. Es gab keinen, der dieses Abenteuer nicht wagte, doch habe ich einige Kinder blaß werden sehen, bevor sie sich dazu anschickten.«

Verkehrte Welten

Auf den Kopf gestellt

Der Kopf auf der Mütze
»Ich setze den Kopf auf die Mütze.
Ich stele den schrank in die tase.
Ich werfe die Schpadose in das gält.
Ich stele den aisschrang in die Butter.
Ich henge den hagen an den Turnister.
Ich fare die garasche in das Auto« (Paul, ca. 6).

Alt geboren und jünger werdend
»Das wäre vielleicht mal komisch, wenn ich kein Kind wäre, dann wäre die Welt verkehrt herum, und man wäre erst erwachsen und dann ein Kind, und das wäre gerade verkehrt herum« (Kay, 8).

Die Vertauschung seltsamer Rollen
Der Struwwelpeter war Anlaß für das Spielangebot der Tochter (3; 7) an den Vater: »Ich hab 'ne Idee. Du bist der Daumenlutscher, und ich schneide dir den Daumen ab.«

Die Stadt Sonderbar
»Es war einmal eine Stadt, die hieß Sonderbar. Und in dieser Stadt war alles sonderbar.

Die Häuser bestanden aus Pappe, und wenn es regnete, wurde die Pappe nicht naß. Die Buben und die Männer hatten Röcke und Kleider an, und die Mädchen und die Damen trugen Männerhosen. In den Autos und Omnibussen (...) benutzte man Öl statt Benzin und Benzin statt Öl. Die Bäume und die Blumen hatten im Winter und nicht im Sommer Blätter und Blüten, die Vögel flatterten mit den Flügeln, wenn sie auf der Erde saßen, und preßten sie dicht an den Körper, wenn sie in der Luft waren. Dann brachen wilde Tiere ein, und das war das Ende der Stadt Sonderbar« (Kenneth, ca. 9).

Am falschen Ort?

Mit Flossen auf dem Berg
Hoch oben über dem Mittelmeer in den Pyrenäen blickte ein Mädchen (4; 6) auf die weite blaue Fläche hinunter, ging zum abgestellten Auto, zog sich die Schwimmflossen an und watschelte damit über die Steinbrocken.

Im Regen tauchen
Es regnete stark. Ein Kind (ca. 5) ging mit Taucherbrille samt Schnorchel auf dem Gehsteig und patschte fröhlich in den Pfützen.

Unterwasserbotschaften
Im Park vor dem alten Gymnasium befindet sich ein geschwungenes Wasserbecken mit einer kleinen Fontäne in der Mitte. Das Wasser ist etwa 30 cm tief. In die dünne braune Moderschicht auf dem Grund des hellblauen Beckens zeichnen und schreiben die Kinder vom Rand aus mit Fingern oder Stöckchen Figuren, Namen und Sätze – ein vergängliches, immer wieder erneuertes braun-blaues Gewirr.

Ins Bett rutschen
Vor dem Bettgehen holte sich Stephanie (5; 4) im Nachthemd ihre Skier, stieg barfuß in die Bindungen, nahm die Skistöcke und rutschte wackelnd in einem Halbbogen über den Teppich zu ihrem Bett.

Das Osterhuhn
Am Ostersonntag wollten die zwei Söhne der Mutter eine besonders schöne Überraschung bereiten. Sie holten heimlich eines der ziemlich zahmen Hühner vom Nachbarn, setzten es in Mutters Bett und machten ihm mit Decke und Kopfkissen ein behagliches Nest in der Hoffnung, daß es bald ein Osterei legen werde.
Sie ließen das Huhn allein und schickten nach einiger Zeit in freudiger Erwartung die Mutter in das Schlafzimmer. Dort war kein Osterei zu finden, aber viel Kacke vom aufgeregten Tier.

Der Hund als Domspatz
Der Hund des Hauses, ein Jagdhund mit langen Schlappohren, jaulte oft sehr komisch in den verschiedensten Tönen, sei es aus Wiedersehensfreude, sei es, um zum Spazierengehen aufzufordern.
Steffi (12) stellte sich dann vor das Tier und imitierte mit gekonnten Arm- und Handbewegungen einen Chordirigenten vor seinen Sängerknaben – was den Hund zu weiterem Gesang animierte.

Die Schwerkraft und die Masse

Die Tochter (8; 4) kam wütend ins Zimmer und beklagte sich heftig darüber, daß sie nicht fliegen könne. Inbrünstig haderte sie mit ihrem Schicksal als fluguntüchtiges Wesen: »Ich will aber, ich will, ich will!«

Der Schriftsteller Hans Carossa (1878–1956) wollte als Kind mehrfach die Grenzen seiner Natur überschreiten: »Daß man sich in die Luft erhöbe, wenn man nur lange genug mit ungeheurer Schnelligkeit die Arme schwänge, dies Gefühl war auf einmal da; ich suchte frei Feld und begann mich zu üben. Aber in Gestalt eines großen Jagdhundes war mir unversehens der Geist der Schwere genaht; gereizt von meinen Bewegungen biß er mich tief in den Arm, Heilungswochen forderten Ruhe, die Flüge hatten ein Ende. Bald aber verdrängte den ersten Wahn ein zweiter, der sich länger erhielt. Einmal, als ich in der Kutsche, neben dem Vater sitzend, über die Loisbach-

brücke fuhr, wurde mir sehr klar, daß ich, falls ich eine gewisse schräge Richtung nach rechts einhielte und geschwind genug lief, das Wasser zu Fuß überqueren könnte. Man mußte nur laufen, ohne zu denken, so rasend schnell, daß einem zum Versinken gar keine Zeit blieb, dann konnte nichts fehlen.«

Vom Schwimmen zum Fliegen
»Mit den Armen *kann ich schon schwimmen«, jauchzte der Junge (8). »Sieh mal, wenn ich später ganz richtig schwimmen kann und rudere tüchtig so – so – mit den Armen, da müßte ich doch aus dem Wasser hochgehen in die Luft – und auf einmal flieg ich!?«*

Unaussprechliches

Beim Nasebohren
Die Mutter forderte den Sohn auf, nicht mehr in der Nase zu bohren. Als dieser sagte, er habe »den Popel« noch nicht, erklärte die Mutter, daß sie das Wort nicht mehr hören wolle. Der Sohn fragte: »Was sagst du denn dazu?« Die Mutter: »Ich sage nichts dazu.« Der Sohn: »Wozu gibt es dann das Wort?«

Die dicke Frau
Der Mutter wurde das dauernde Gerede der Kinder von Arsch und Scheiße lästig. Als sie es sich verbat, begannen die Kinder (7 und 5; 5) im Flüsterton hinter ihrem Rücken eine Geschichte von einer dicken Frau auszuspinnen. Diese hat »so einen dicken Arsch«, daß »sie auf zwei Stühlen sitzen muß« und »aus zwei Fenstern scheißen muß«.

Die Großen und die Kleinen
»Friedrich der Große
macht was in die Hose,
Friedrich der Kleine
macht sie wieder reine« (Mädchen, ca. 5).

Wo der Kaiser zu Fuß hingeht
Der Schriftsteller Ernst Toller (1893–1939) fand als Kind in den Schokoladetafeln »Bilder von unserem Kaiser. Er

hat sich einen Mantel von rotem Samt auf seine Schultern gelegt, in der einen Hand hält er eine Kugel und in der anderen einen goldenen Feuerhaken. Wenn ich morgens in meinem Bett liege und die vielen Kaiserbilder ansehe, frage ich mich: Geht ein Kaiser auch aufs Klo? Die Frage beschäftigt mich sehr, und ich laufe zur Mutter.
Du wirst noch ins Gefängnis kommen, sagt Mutter. Also geht er nicht aufs Klo.«

Hintern
Ein Mädchen tänzelte durch die Fußgängerzone und sang lauthals: »Herr Gott hat keinen Popo.«

»Warum soll ich nicht ›Arsch‹ sagen?« fragte ein 13jähriger, »Jesus hatte auch einen.« – »Aber er hat nicht ›Arsch‹ gesagt.« – »Woher weißt du das?«

Das Obszöne und die Ordnung
»Ordnung muß sein,
sagt Wallenstein,
der Arsch gehört in die Hose,
der Schwanz gehört in die Fose« (Junge, 14; 1).

Ein Schüttelvers:
»Was ficht mich an der Metternich?
Meine Schwester fickt viel netter mich« (Junge, 13; 8).

Der Wert der Dinge

Ein Ding ist das wert, was es kostet, wenn man es kauft, oder was es an Geld bringt, wenn man es verkauft. Dieser simple Gedanke bestimmt in vielen Fällen unsere Einschätzung des Wertes von Dingen.
Bei Kindern ist das noch anders. Sie denken in Gebrauchswerten, d.h., sie bedienen sich der Gegenstände gemäß ihrer wechselnden Bedürfnisse. Sie bringen lange kein Verständnis für den abstrakten Tauschwert eines Gegenstandes auf, wie er sich in dessen Marktwert niederschlägt.
Wenn Kinder tauschen, gehen sie nicht von einer objektivierten, nach Geld bemessenen Gleichwertigkeit der Ge-

genstände aus, sondern von deren Eignung zur spontanen Bedürfnisbefriedigung. Kinder werden von Erwachsenen oft »naiv« oder »blöd« genannt, wenn sie ein Dreirad gegen eine Sandschaufel eintauschen wollen oder sich neben der unbenützten Eisenbahn um Glaskügelchen streiten. Oder man hält ihnen Undankbarkeit vor, wenn sie die schöne Puppe in den Dreck fallen lassen, um eine verrostete Radkappe aus dem Dreck holen zu können.
Dieses Gebrauchswertdenken steht quer zur Tauschabstraktion, die insbesondere unter kapitalistischen Produktionsbedingungen die Betrachtungsweise von Dingen (und von abhängig arbeitenden Menschen) weithin bestimmt. Kinder erinnern uns daran, daß der Wert eines Dinges sich nicht nur in seinem Kauf- oder Verkaufspreis ausdrückt.

Zerstören und Quälen

Die meisten der als boshaft oder grausam geltenden Handlungen von Kindern beruhen auf Motiven, die an sich nicht »unmoralisch« sind. Sie haben ihre Auswirkungen erst in der Verbindung mit Ahnungslosigkeit, beschränkter Einfühlungsgabe und Unbekümmertheit um die Folgen. Die Hauptmotive sind wohl Erkundungsdrang und das Bedürfnis, »Wirkungen« hervorzurufen. Wer auf Leben und Welt einwirkt, wer seine Wirkungsmacht zeigt und Spuren hinterläßt, wer den »Gang der Dinge« bestimmt und auch Lebewesen leiden läßt – der kann sich und anderen beweisen, daß er existiert. (Manchmal mag kompensatorisches Verhalten mit im Spiele sein: Ein Kind kann die Wut über den Lehrer oder die Eifersucht auf das kleine Brüderchen auch an Puppen oder Tieren auslassen.)

Neugierverhalten

Forschungen
Die Schriftstellerin Fanny Lewald (1811–1889) denkt an ihre Spielsachen zurück:
»Wir hatten allerlei Spielzeug, Häuserschachteln, Puppen, Festungen, die zum Teil sehr schön und kostbar waren (...) Aber mit fertigem Spielzeug läßt sich nicht

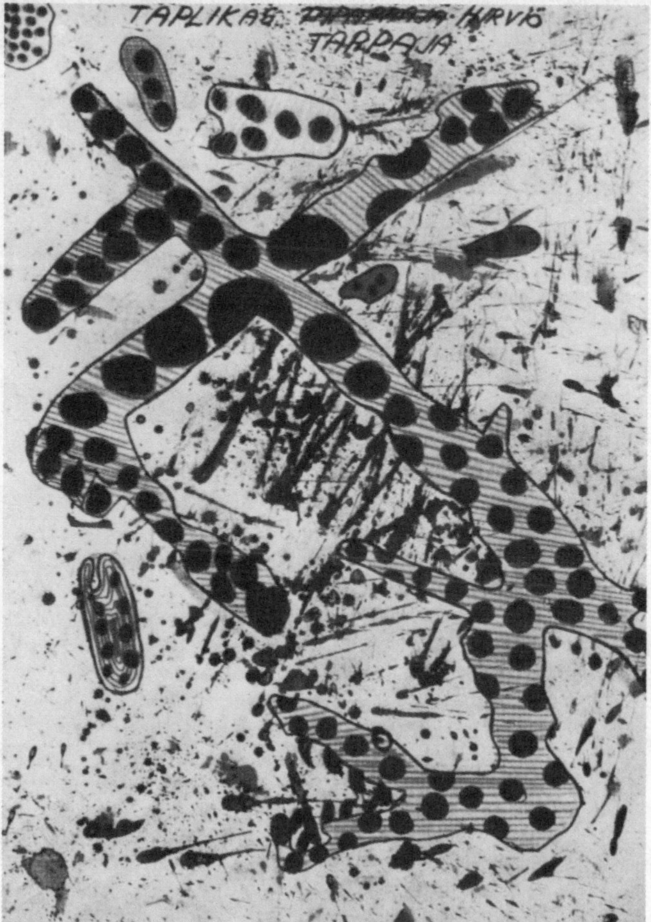

Der Drache ist tot. (Junge, 9)

lange spielen, und bis ich groß genug war, um selbst für die Puppen zu nähen und schneidern zu können, hatte all unser Spielzeug, hatten selbst meine kostbarsten Puppen nur das Interesse der Neugier für mich. Ich wollte wissen, wie die Dinge gemacht wären, wie sie von innen aussähen, und um das zu ergründen, arbeitete ich so lange an ihnen herum, bis ich sie zerbrochen hatte. Meine Eltern (...) schalten mich dann immer. Sie taten mir aber damit, ohne es zu wollen und zu wissen, Unrecht (...)« Sie meinten, »daß ich mir auch aus dem Allerschönsten gar nichts mache, daß kein Abmahnen bei mir helfe und daß ich nicht Ruhe hätte, bis alles zerbrochen und verdorben sei. Sie sahen dem angebornen Thätigkeits- und Forschungstriebe der Kinder gar nichts nach oder vielmehr, sie verstanden denselben gar nicht.«

Den Vorhang zerschneiden
Eigentlich soll das Kind Mittagsschlaf halten. Draußen scheint die Sonne.
»Die Vorhänge zu beiden Seiten sind auf dunkelblauem Hintergrund rosa geblumt. Das Licht von draußen kann nicht durch den dunkelblauen Hintergrund leuchten, dafür aber durch die helleren Blumen. Klatsch, springt das Vierjährige barfuß auf den Boden und nähert sich dem allzu bunten Vorhang. Am Tisch der Mutter (...) nimmt es eine Schere zur Hand (...) Dort schreit etwas nach Schärfe, nach Betonung ... Die Blumen aus dem Vorhang holen ... Unwiderstehlich ... Es gibt nicht einen Augenblick lang Zweifel! Bosheit! Welcher Gedanke! Zerstörungswut? Hier soll doch geschaffen werden: Blume, du gehst von da bis dahin, dann kommt dein Hintergrund, dein schwarzblauer tiefer Grund ... Und mit scharfer Schere wird die Blume daraus hervorgeschnitten ... sie fällt auf den Boden, die Sonne springt triumphierend durch die Luke ins Zimmer« (Mechtilde Lichnowsky).

Geschirr zerschlagen
Johann Wolfgang von Goethe (1749–1832) erzählt davon, wie er als Kind irdenes Geschirr in Mengen aus dem Fenster warf. Er beobachtete mit Vergnügen die komische, abwechslungsreiche Art, in der es auf dem Pflaster zerbrach und zersplitterte.

Blumen zerzupfen
Ein kleines Mädchen, das immer wieder Blumen zerriß, wurde gefragt, warum es das tue. »Weil sie so schön

sind!« Das sei doch gerade ein Grund, sie nicht *kaputtzumachen, wurde ihr geantwortet. »Aber ich will sehen,* wie *sie schön sind.«*

Blut sehen
Ein Junge (ca. 4) wollte unbedingt die überfahrene Katze sehen. Die Mutter erlaubte es nicht. »Ist es bös, eine tote Katze anzugucken? Ich will sehen, wo ihr Blut ist.«

Die seltsamen Flecken
Weil er die seltsamen Abdrucke so interessant fand, zerdrückte ein Junge aus der Grundschule immer wieder Insekten zwischen den Seiten seiner Bücher.

Die Lust am Bewirken

Kämpfen
Anton Reiser war 10 bis 11 Jahre alt:
»Ein Fleck voll hochgewachsener Nesseln oder Disteln waren ihm so viele feindliche Köpfe, unter denen er manchmal grausam wütete und sie mit seinem Stabe einen nach dem andern herunterhieb.
Wenn er auf der Wiese ging, so machte er eine Scheidung und ließ in seinen Gedanken zwei Heere gelber oder weißer Blumen gegeneinander anrücken. Den größten unter ihnen gab er Namen von seinen Helden, und eine benannte er auch wohl von sich selber. Dann stellte er eine Art von blindem Fatum vor, und mit zugemachten Augen hieb er mit seinem Stabe, wohin er traf.
Wenn er dann seine Augen wieder eröffnete, so sah er die schreckliche Zerstörung, hier lag ein Held und dort einer auf den Boden hingestreckt, und oft erblickte er mit einer sonderbaren wehmütigen und doch angenehmen Empfindung sich selbst unter den Gefallenen (...).
Wenn er Fliegen mit der Klappe totschlug, so tat er dieses mit einer Art von Feierlichkeit, indem er einer jeden mit einem Stück Messing, das er in der Hand hatte, vorher die Totenglocke läutete. Das allergrößte Vergnügen machte es ihm, wenn er eine aus kleinen papiernen Häusern erbauete Stadt verbrennen und dann nachher mit feierlichem Ernst und Wehmut den zurückgebliebenen Aschenhaufen betrachten konnte.

Ketten aus lebenden Fliegen
Misia Sert (geb. um 1865), Bohemienne der Pariser Belle Époque, berichtet von der Klosterschule: »Eine meiner kleinen Schlafgefährtinnen war eine Meisterin in der Kunst des Fliegenfangens geworden. Geduldige Studien an diesen Tieren hatten es ihr ermöglicht, genau die Stelle zu finden, durch die man die Nadel stechen mußte, um sie aufzufädeln, ohne daß sie starben. Sie verfertigte sich auf diese Weise Ketten aus lebenden Fliegen und geriet in Entzücken über das himmlische Gefühl, das ihre Haut bei der Berührung der kleinen verzweifelten Füße und zitternden Flügel empfand.«

Angst und Schrecken im Puppenhaus
»Das war der Große Schrecken, und der große Schrecken entstand einmal durch die Schlangen und das andere Mal durch den Tiger. Die Schlangen wurden von meinen Mehlwürmern dargestellt, die ich für meinen Frosch und die Eidechsen in einer alten Teekanne züchtete. Ich setzte die Mehlwürmer in der Puppenküche aus, und bald hatten sie sich übers ganze Haus verbreitet. Die Kinder weinten, die Erwachsenen schrien, die Dame des Hauses fiel in Ohnmacht, Köchin und Stubenmädchen kreischten, die englische Nurse stand mit dem Säugling auf dem Speisezimmertisch. Niemand wußte sich zu

Stauseeflöhe, die die Stauseemauer kaputtfressen. (Junge, ca. 12)

helfen, bis es Awdotja gelang, aus dem Hause zu entwischen, eine Leiter zu holen, sie an den Balkon anzulegen und alle Hausbewohner über die Leiter sicher ins Freie zu bringen. Das Haus wurde den Kobras und den Pythons überlassen...
Viel gräßlicher jedoch als die Schlangen war das Erscheinen des Tigers. Ich ließ meinen Frosch durch die Haustüre des Puppenhauses hinein und beobachtete seine Sprünge auf der Stiege und in den Zimmern durch die Fensterscheiben. Die Angst, die mein Frosch, der bengalische Tiger, verbreitete, war ungeheuer. Ich selbst zitterte an allen Gliedern, obwohl es ihm niemals gelang, ein Kind zu rauben oder auch nur anzubeißen. Er war der allergrößte Schrecken und die einzige Gefahr, der Awdotja nicht in gewohnter Ruhe begegnen konnte. Sie ergriff die Flucht, ließ Geschwister und Eltern im Stich und verkroch sich schlotternd hinterm Ofen, wenn sie sein Brüllen in der Ferne hörte«
(Alice Herdan-Zuckmayer).

Gemeine und besondere Tiere
»Lieber Gott, ich hoffe, Ameisen sind nichts Besonderes, weil wir sie dauernd zertreten« (Dennis, ca. 8).

Kinder führen ein leidenschaftliches Leben und vermögen uns manchmal anzustecken

»Wenn dem Kinde alle Freudenfeste ins Unüberschwengliche auslaufen«, sagt Jean Paul, »so bedenke der Vater, daß folglich dessen Höllenfahrten ebensoviel Hölle durchreisen wie seine Himmelfahrten Himmel.«
Kinder leben passioniert. Sie leben ihre Gefühle aus – und das ist, wie so vieles in der kindlichen Existenz, Schwäche und Stärke zugleich.
Oft scheinen sie von ihren Gemütsbewegungen fortgerissen zu werden. Sie wirken dann kurzzeitig geradezu überwältigt von Schmerz, Zorn, Angst oder Enttäuschung. In manchmal jähem Wechsel schwanken sie zwischen heftigem Überdruß und großer Freude, wütender Abneigung und inniger Herzlichkeit. Die weichen Gefühle des Mitleides und die harten des Hasses wohnen merkwürdig dicht

beieinander. Das Kind kann seine Gemütsbewegungen noch nicht unterdrücken. Aber es kann sie auch noch nicht erheucheln. In der Hemmungslosigkeit kindlicher Emotionen steckt Beschränkung und Freiheit zugleich. In der Unbeständigkeit ist der große Vorzug eingeschlossen, nicht nachtragend zu sein.

Wie leicht vergessen Kinder Enttäuschung und Ärger! Das zeigte auf rührende Weise ein Junge (7; 7) nach einem Streit mit seiner kleinen Schwester: »Ich spiele nie, nie, nie mehr mit dir, ich rede nie, nie, nie mehr mit dir. Damit ich es nicht vergesse, schreib ich es auf.« Aus der Suche nach Papier und Bleistift entwickelte sich wieder ein Spiel zwischen Bruder und Schwester.

Kinder fühlen oft wohl intensiver und authentischer als Erwachsene, leben auch größere Spannbreiten aus und locken uns dabei manchmal aus der Reserve. Kinder sind immer ganz bei der Sache – was nicht heißt, daß sie Angefangenes stets zu Ende führen, sondern was die innere Beteiligung angeht.

Eine Siebenjährige hatte gehört, daß der letzte Krieg sechs Jahre gedauert hat. »Sind denn da die Menschen nicht hungrig geworden?«
Zu dieser verblüffenden Frage mag es gekommen sein, weil von dem Kind allen Menschen unterstellt wurde, immer ganz bei der Sache zu sein – verbunden mit dem Wissen, daß sich von Zeit zu Zeit immer wieder Hunger einstellt. So müßte man zur Essenszeit eben mit dem Krieg aufhören.

Die Gefühle der Kinder sind weit mehr als bei Erwachsenen durch Körperbewegungen mitgetragen. Sie jauchzen und hüpfen vor Freude und werfen sich zu Boden aus Zorn; sie strampeln vor Vergnügen und ziehen, wenn sie niedergeschlagen sind, die Beine hinter sich her und lassen die Schultern hängen.
Diese Gefühls-Körper-Einheit wird auch deutlich bei der kindlichen Liebe und Zärtlichkeit. Diese Regungen sind stark mit körperlichen Hinwendungsimpulsen durchsetzt. Liebhaben will sich in Liebkosen ausdrücken. Kinder suchen sich den geliebten Wesen möglichst anzunähern. Sie wollen auf den Schoß genommen werden, sich anschmiegen, streicheln und gestreichelt werden.
Kinder laden zum Schmusen ein. In ihrer zwitterge-

schlechtlichen Ungerichtetheit verteilen sie Zärtlichkeiten, die vom ganzen Körper ausgehen, und locken solche an. Gegenüber den eigenen Kindern beiderlei Geschlechts sind den Eltern diffus-ganzheitliche Intimbeziehungen möglich, die sich von den allgemeinen Berührungsverboten zwischen einander unbekannten Erwachsenen in der Öffentlichkeit einerseits und der unmittelbaren geschlechtlichen Vereinigung andererseits abheben. Diese »interesselosen« Liebes- und Balgspiele können den Erwachsenen eine oft vergessene Dimension von Zärtlichkeit erschließen.

Wo sitzen die Gefühle?

Die Freude
»Ich freu mich so, ich freu mich bis in den Bauch«, jubelte ein Mädchen (4) und hüpfte im Zimmer herum.

Der Zustand der Fröhlichkeit
»Wenn man breit ist, ist man immer so fröhlich« (Mädchen, 4; 6).

Zappelnde Wangen
»Da lachst du«, erzählte ein Mädchen (8), »daß dir die Wangen zappeln.«

Die Lachspirale
Max (8; 2) mußte schrecklich lachen und konnte gar nicht aufhören: »An meiner Lachspirale wackelt eine Schraube.« Als er schließlich aufhören konnte: »Jetzt ist die Lachspirale rostig.«

Totlachen
»Ich hab mich mal beinahe totgelacht. Da habe ich so gelacht, daß meine Mandeln herausgefallen sind und ich ins Krankenhaus gemußt habe« (Lawrence, 8).

Den Hund um den Schwanz beneiden
Steffi (10; 10) betrachtete den Hund namens Schnecki und sagte, sie hätte gerne einen Schwanz wie Schnecki. »Warum?« wurde sie gefragt. Sie überlegte einen Moment und sagte dann: »Den könnte ich einziehen, wenn ich mich fürchte.«

Frierender Hund

Das Rumhauen
Mutter: »Wie kannst du nur so rumhauen!« Sohn: »Ach Mamachen, was soll ich machen, wenn die Haue so aus mir rauskriecht.«

Der riesige Durst
Um die ungeheure Größe seines Durstes anzuzeigen, sagte Bubi (5; 3): »Ich hab bis auf'n Himmel solchen Dorst.«

Kopf in Splittern
Der Vater hatte Kopfweh. »Weil du dir den Kopf in Splitter gedacht hast« (Sohn, 7; 3).

Mit der Geduld zu Ende
Hubert (12) hatte beobachtet, wie sein Onkel dem kleinen Fredi eine knallte: »Die Geduld meines Onkels, die vorher schon in allen Fugen ächzte und stöhnte, war explodiert.«

Das Lachen
(Eine Beobachtung von Robert Walser [1878–1956])
Ich habe ein himmlisches Lachen gehört, ein Kinderlachen, ein wunderbares Gelächter, ein ganz feines, silberreines. Ein göttliches Kichern war's. Ich kam gestern, Sonntag, gegen sieben Uhr heim, da hörte ich's, und ich muß hier unbedingt Bericht davon erstatten. Wie arm in ihrem Ernst und mit ihren trocken-ernsthaften Mienen sind die Erwachsenen, die Großen! Wie reich,

wie groß, wie glücklich sind die Kleinen, die Kinder! Ein so volles, reiches, süßes Glück lag im Lachen der zwei Kinder, die neben einer Erwachsenen einhergingen, eine so überschwengliche, reizende Freude. Sie waren ganz Seligkeit, indem sie sich dem Lachen hingaben. Ich lief absichtlich langsam, damit ich sie recht lange lachen hören könne. Ein Genuß war's für sie, sie genossen die ganze Köstlichkeit, die in einem Lachen liegen kann. Sie konnten gar nicht aufhören mit Lachen, und ich sah, wie es sie schüttelte. Sie krümmten sich förmlich darunter. O, so rein war's, so ganz nur kindlich! Worüber sie vielleicht am unbändigsten und am lieblichsten lachten, war die strenge Miene, die das erwachsene Fräulein neben ihnen zu ziehen für nötig erachtete. Des großen Mädchens Ernst gab ihnen am meisten zu lachen. Doch endlich, von so viel liebreizender Lustigkeit hingerissen, lachte auch die Gemessene, die Ernste und die Große. Sie war besiegt von den Kindern und lachte nun wie ein Kind mit den Siegerinnen, den Kleinen. Wie sind über die Grämlichen die Glücklichen Sieger! Die zwei Kinder lachten in ihrer Unschuld über alles, über Heutiges und Gestriges, über dieses und jenes, über sich selber. Sie mußten über ihr eigenes Lachen lachen. Ihr Lachen kam ihnen immer lächerlicher, lustiger vor. Ganz deutlich fühlte und hörte ich's. Ich pries mich glücklich, daß ich das Glöckchenkonzert, das Lachkonzert anhören durfte. Die ganze Straße entlang lachten sie. Sie wollten fast umfallen, sich fast auflösen und zergehen vor Lachen. Alles an ihnen, den lieben glücklichen Kindern, lachte mit: die Köpfe, die Glieder, die Hände, Füße und Beine. Sie bestanden ganz nur noch aus Lachen. Wie schimmerte und glitzerte die Lachlust in ihren Augen! Ich glaube fast, sie mußten so gräßlich, so grausam, so anhaltend lachen über einen dummen, kleinen Jungen. So schelmisch und wieder so schön war's, so rührend und so ausgelassen. Wahrscheinlich war der Lachanlaß nur ganz geringfügig gewesen. Kinder sind eben Künstler im Erfassen eines Grundes, recht selig zu sein. Ein kleiner, leiser Vorfall mag es gewesen sein, und da machten sie eine große Geschichte daraus, hingen solch ein langes, großes, breites, üppiges Lachen daran. Kinder wissen, was sie glücklich macht.

Lieben – mit allem, was ich habe

Alles lieben
Anna (ca. 7) hat alles lieb, Gott und »Leute und Katzen und Hunde und Spinnen und Blumen und Bäume«, mit ihrer »ganzen Figur«.

Der Grund der Liebe
»Mami, ich habe dich so lieb, weil du mich geboren hast« (Junge, 5; 9).

Unendliche Liebe
»Ich kann überhaupt nie aufhören, daß ich dich lieb hab. Ich bin schon Millionen Jahre tot, bevor ich damit aufhören kann« (Anna).

Liebeszensuren
Theodor (5; 5) hatte öfter Vaters Hand unten und oben liebevoll betastet. Auch heute wieder. Vor kurzem hatte er davon gehört, daß in der Schule Noten erteilt werden.
Th.: »Papi, ich liebe dich ›zwei‹.«
V: »Was heißt das denn?«
Th.: »Deine Hand ist unten warm und oben kalt.«
V: »Wie liebst du denn Mami?«
Th.: »Wenn Mamis Hand oben und unten warm ist, liebe ich sie ›eins‹. Wenn deine Hand oben und unten kalt ist, liebe ich dich ›drei‹.«

Bißchen Selbstliebe
Der Sohn (5; 7) lehnte sich liebevoll an die Mutter und meinte: »Mama, ich liebe Papa bißchen mehr als dich, weil ich doch auch ein Papa werde. Da muß ich Papa mehr lieben.«

Die Nähe von Altruismus und Egoismus
Die Mutter fühlte sich nicht wohl und sagte, sie würde sich hinlegen müssen. Da wurde Hilde (5; 7) zärtlich und anschmiegsam und sagte: »Wenn du krank bist, hab ich dich viel lieber.«

Arglos amoralisch
Stendhal (1783–1842), der französische Schriftsteller, war ungefähr sechs Jahre alt:
»Ich wollte meine Mutter immer küssen und wünschte, daß es keine Kleider gäbe. Sie liebte mich leidenschaftlich und schloß mich oft in ihre Arme, und ich küßte sie mit so viel Feuer wieder, daß sie fast gezwungen war, wegzugehen. Ich verabscheute meinen Vater, wenn er dazukam und unser Küssen unterbrach. Ich wollte sie immer auf die Brust küssen.«

Ein Wunsch
Nach dem Gutenachtsagen verließ der Vater das Kinderzimmer. Die Tochter (6; 5) rief ihm nach: »Ich wünsch dir einen schönen Kuß.«

Leckere Bussis
Die Nichte (6; 6) fragte bei Tisch die Tante: »Was ist deine Lieblingsspeise?« – »Ein Filetsteak, so halb gebraten«, antwortete sie. Darauf das Mädchen: »Du, aber meine Bussis schmecken auch so!«

Die Wirkung von Parfüm
Marie erlebt das so: »Meine Mutter nimmt immer Parfüm. Wenn mein Vater das riecht, kommt er gleich angerannt, stöhnt und küßt sie auf den Hals.«

Die dicke rote Backe
Stendhal nennt es eine seiner frühesten Erinnerungen: Frau Pison du Galland »war meine Cousine, die Gattin eines klugen Abgeordneten der Nationalversammlung. Ich sehe sie noch vor mir, eine Frau von 25 Jahren, etwas rundlich und sehr rot. Offenbar war es dieses Zuviel Rot, das mich erregte. Wir saßen mitten in der Wiese, auf der Wallböschung an der Port de Bonne. Ihre Backe war dicht neben mir. ›Gib mir einen Kuß, Henry!‹ sagte sie zu mir. Ich wollte nicht. Sie ward ärgerlich, und da biß ich sie ganz fest. Ich sehe den Vorfall noch vor mir, gewiß, weil man sofort ein Verbrechen daraus machte und in einem fort davon sprach.«

Der Bleistift
Aus den Jugenderinnerungen des Pädagogen Karl Friedrich von Klöden (geb. 1786) – anno 1794:
»Mein Vater hatte mir einen Bleistift gekauft. Es war der erste, den ich jemals erhielt; denn im Schreibebuche hatte ich meine Linien bis dahin mit einer Stricknadel gezogen. Ich empfand über dies Geschenk eine so unmäßige Freude, wie ich sie selten im Leben wieder gefühlt habe. Meinen Bleistift nahm ich mit zu Bette und that die ganze Nacht kein Auge zu.«

Die Musik
Heinrich Zschokke: »Die geheimnisvolle Gewalt der Töne berauschte mich jedesmal bis zur vollen Selbstvergessung (...) Tönte mir von einem Hause her Musik oder auf der Straße eine neue Melodie der wandernden Chorschüler, stand ich festgewurzelt. Unbekümmert um die Gaffer weinte ich mich satt, ohne zu wissen, warum, und schwamm ich in Seligkeit und Tränen.«

Der Weihnachtsbaum
Bubi (4; 8) streichelte den gerade gekauften, noch nicht geschmückten Weihnachtsbaum, fuhr mit seiner Hand immer wieder über die Zweige und sagte schmeichelnd: »Du liebes Bäumel, du bist so schön, ich muß dich anfassen.« Er stellte sich auf die Zehen, um die oberen Zweige berühren zu können, und legte sich unter den Baum, wo er die untersten Äste liebkoste.
Am nächsten Morgen fragte er den Baum, ob er gut geschlafen habe. Er faßte die größten, gerade vorn befindlichen Äste an und sagte: »Das is deine Hand, Bäumel, und da is die andere Hand, und da unten haste die Beinen (Christbaumständer), und da oben is der Kopp.« Dann redete er den Baum im Flüsterton an: »Ja, ja, du bist zersägt, Christelbaum, da biste tot.« Als er »Christbaum« korrigiert wurde, widersprach er eifrig: »Nu, sieh mal, Christelbaum, das is doch was Niedliches, und weil ich ihn so lieb hab, da nenn ich'n so.« Später küßte er die Zweigspitzen und rieb sich die Wange daran.

Die Wurst
Ein Junge (12; 2) fand eine pralle, glänzende, noch nicht angeschnittene Streichwurst so schön, daß es ihm fast unerträglich erschien. Er betastete sie immer wieder und hielt sie sich an die Wange. »Ich halte das nicht aus.«

Die Zudecke
Die Tochter (4) wollte zum Einschlafen ins Bett des Vaters und überlegte, ob sie dazu ihre eigene geliebte Decke mitbringen sollte. »Deine Decke kann ich nicht so gut riechen, weil die anders schmeckt. Aber das ist scheißegal. Die wird außerdem dann anders, wenn ich sie brauche.«

Besitzansprüche

Der enteignende Blick
Bubi (4; 3) war eifersüchtig auf seine Kusine Lotte und wollte sie von seiner Mutter abdrängen. Da stellte sich die etwas ältere Lotte vor Bubis Mutter und rief herausfordernd: »Ich seh aber deine Mama!« Da drängte sich Bubi aufgebracht zwischen beide und schrie weinerlich, Lotte solle seine Mama nicht sehen, sie gehöre ihm allein.

Auch mit dem Tageslicht wird nicht geteilt
Wohin mit den Weihnachtsgeschenken? Bogumil Goltz erinnert sich:
»Mir für mein Teil schien der helle, lichte Tag durchaus zu profan und ordinär, um die Mysterien der Christgeschenke so ohne weiteres grell beglotzen zu dürfen wie jedes Ding. Ich verbarg daher vorläufig alles in die finstersten und geheimsten Winkel, die ich aufspüren konnte, und nachdem ich lange hin und her meditiert, wie ich mir wohl irgendein Asyl und ein Allerheiligstes herrichten könnte, um dahinein meine Christschätze zu verwahren, so fiel ich endlich auf ein großes Vogelbauer von Holz. Das ward ganz und gar mit blauem Zuckerpapier beklebt, bis es keinen Lichtstrahl außer durch die Spalte an der zu kleinen Türe einließ, durch diese selbst wurden nun mit größter Sorge und Not alle

Doppelkopf, um in einem Buch gleichzeitig zwei Seiten – etwas Lustiges und etwas Trauriges – lesen zu können.

eßbaren und sonstigen Herrlichkeiten hineinpraktiziert, und nachdem alles beisammen war, ward das Ganze mit einem kleinen Messingschlößchen verschlossen. Dieses Werk gab mir dann ein Gefühl von Habe und Besitzung.«

Geschlecht und Zeugung

Die kleinen Unterschiede

Was hilft gegen Langeweile?
»Weil Adam nicht wußte, was er in dem großen Paradies alleine anfangen sollte, schenkte ihm Gott die Eva. Wenn Kinder Langeweile haben, kaufen ihnen die Eltern Spielzeug« (Claudia).

Katzen und Mütter
Kind: »Ach, Mamachen, du hast nur zwei Brüste?« Mutter: »Und was hast du gedacht?« Kind: »Ich habe gedacht, wie bei unserer Katze: in zwei Reihen über den ganzen Bauch.«

Hexerei
Die Geschwister saßen in der Badewanne. Der Bruder (7; 6) berichtete: »Erst stand mein Pimmel hoch und dann ist er wieder kurz geworden.« Die Schwester (5; 11) alberte: »Ich glaube, das ist ein Witz, ich glaube, das zaubert eine Hexe.«

Kinderkriegen

Selbstbefruchtung
Den drei Jungen (ca. 8) war bekannt, daß »man den Pimmel in die Muschi stecken muß«, damit Kinder auf die Welt kommen. Einer überlegt: »Warum kriegt eine Frau nicht selber *Kinder?« Das war der Anstoß zu einer Alberei:*
»Au ja, sie steckt ihre Nase in die Muschi, dann kommen Kinder.«
»Aus der Nase!«
»Nee, aus den Ohren!«
»Die Nase ist so kurz.«
»Ein Rüssel.«
»Drum hat der Elefant so 'ne lange Nase und so große Ohren.«

Warum Leute zu Eltern werden
»Wenn ein Mann und eine Frau Langeweile haben, kuscheln sie und machen ein Kind.
Dann nennt man sie Eltern«
(Astrid).

Instanzenweg
»Lieber Gott. Ich heiße Robert. Ich möchte gern ein Brüderchen haben. Meine Mutter meint, ich soll Vater fragen. Mein Vater sagt, ich soll dich fragen. Glaubst du, daß du das machen kannst? Viel Glück, Robert.«

Reservevater
Die Kinder (5; 8 und 4; 1) wollten unbedingt ein Baby als Geschwisterchen haben und bestürmten die Eltern, »sofort zu schmusen«. Für den Fall, daß der Vater nicht sofort mochte, bot der Sohn der Mutter vorsorglich an: »Oder wir schmusen und dann kriegst du ein Baby.«

Falsche Anschaffung
Die kleinere Schwester (7; 4) schimpfte: »Brüder sind blöd. Ich will mir keinen Bruder mehr anschaffen.«

Trost
Ein kleines Mädchen, dessen Bruder als Säugling gestorben war, tröstete die Mutter: »Ist nicht so schlimm, Mama, du kriegst ein besseres Baby, das war ja schrecklich.«

Dagegen sein

Wegwünschen

Rücknahmepflicht
»Lieber Gott! Wenn du das Baby nicht wieder zurücknimmst, werde ich mein Zimmer nicht aufräumen« (Ingo).

Eindringling
Die kleine Tochter befand einmal gegenüber der Mutter: »Ich kann Papa nicht leiden, der stört immer.« Und nach einer Weile: »Papa soll tot sein.«

Ein Junge rief einmal voller Ärger: »Ich werde aber meinen Papa in einen Topf stecken und immer heißes Wasser mit der Kelle übers Gesicht gießen, bis er schön weich wird, und dann werde ich den Papa aufessen.«

Schlechte Wahl
»Warum hast du gerade Vati geheiratet – Onkel Paul ist doch viel netter?« fragte der kleine Sohn die Mutter.

Bubi (4; 7) war unwillig, weil die Eltern abends ausgingen. Die Mutter fragte scherzend, was er denn sagen würde, wenn sie gar nicht wiederkäme. Bubi

Streitende Kinder (Junge, 6)

erwiderte, mit den Tränen kämpfend: »Nu, da wer ich'm Papa sagen, er soll mir eine andere gute Mama heiraten, die nich immer fortlauft.«
Die Mutter fragte betrübt, ob sie denn eine böse Mama wäre. Da bereute Bubi seine Worte und verbesserte sich, um sie wieder gutzumachen: »Nein, Mamale, weißte, bloß wennste gestorben bist, und ich bin noch nich gestorben und der Papa noch nich, da soll der Papa mir eine andere Mama heiraten.«

Verschwörung
Die kleine Tochter, Puppe im Arm, lehnt sich an den Vater: »Du, Papi, wenn Mami stirbt, dann heiraten wir.«

Trotz und Wut

Weibsteufelchen
Der uns schon bekannte Kinderverächter Robert Poulet will eine abschreckende Szene vorführen. Gerät sie ihm so?
»Die junge Frau ist mit ihrem vier- oder fünfjährigen Töchterchen auf dem Heimweg. Mit einem Mal läßt das Kind, von einem plötzlichen Rappel gepackt, die Hand der Mutter los, rennt weg, baut sich in sicherer Entfernung auf, stampft mit dem Fuß auf und stellt lautstark seine Forderungen. Es will nur nach Hause, wenn Mammi es trägt, die es nur zu holen braucht, und zwar gleich. Mammi stößt schrille Schreie aus. Erfolglos.

Nun schön, wenn es nicht anders geht, dann wird das gnädige Fräulein eben bleiben, wo es ist, bis es sich eines Besseren besonnen hat. Mammi geht derweil allein nach Haus. Doch, doch, wirklich! Mammi hat genug von diesem ewigen Bock und den nicht enden wollenden Szenen. Nach diesen Worten lenkt die Dame, ohne sich umzudrehen, ihre Schritte heimwärts. Das macht die Kleine nur noch wütender. Ohne sich von der Stelle zu rühren, stimmt sie ein wahres Gebrüll an, bei dem man nicht nur die Heftigkeit ihrer Willensäußerung, die sie der Sklavin ihrer Launen zu verstehen gibt, erkennt, sondern auch die Verblüffung darüber, daß diese Sklavin nicht schon beim ersten Befehl gespurt hat. Wenn sich die Sache in die Länge zieht, wird diese Landplage im kurzen Röckchen wohl kapitulieren müssen. Das kleine Mädchen sähe dann, daß sich ausnahmsweise nicht alle Welt seinen Forderungen unterwirft; aus dem einfachen Grunde, weil es nämlich noch ein inferiores Geschöpf im Embryonalzustand ist; und diese demütigende Lektion würde dem Kind überaus guttun, würde vielleicht seinen Charakter heranbilden. Das Intermezzo dauert an; die Wut des Kindes hat den Höhepunkt erreicht. Aber es erlahmt allmählich, das Strampeln läßt nach, das Kreischen wird schwächer. Diesen Augenblick hat sich die Mutter, die hinter einem Vorhang verborgen den ganzen Ablauf des Dramas verfolgt hat, ausgesucht, um schmählich wortbrüchig zu werden. Die Tür öffnet sich, die Dame erscheint wieder auf der Bildfläche. Einen Augenblick betrachtet sie amüsiert das abscheuliche, vollendete Weibsteufelchen, das unter diesen Umständen natürlich wieder aufs neue zu gestikulieren und zu schreien beginnt. Dafür verdiente es wahrlich eine strenge Strafe. Eine Ohrfeige? Sie scherzen! Ein hingerissenes Lächeln breitet sich auf den Zügen der Mutter aus. Sie zerfließt vor Bewunderung und Zärtlichkeit. Wie rasend stürzt sie los, wirft sich auf ihren Sprößling, der aus Leibeskräften brüllt. Die junge Frau hebt dieses Häufchen Unverschämtheit und Bosheit, wie es das verlangt hatte, vom Boden auf und drückt es ans Herz. Und jetzt läuft sie mit ihm ins Haus und bedeckt den kleinen Körper mit heißen Küssen, und jeder Kuß wirkt wie eine Giftspritze.«

Wutanfälle
Die Kulturphilosophin Simone de Beauvoir (geb. 1908) sinniert: »Ich habe mich oft nach Sinn und Grund meiner Wutanfälle gefragt. Ich glaube, daß sie sich zum Teil durch eine stürmische Vitalität und eine Neigung zu einem Extremismus erklärten, auf welchen ich niemals verzichtet habe. Da meine Abneigungen bis zum Erbrechen und meine Begierden bis zur Besessenheit gingen, trennte ein Abgrund die Dinge, die ich liebte, von denen, die mir zuwider waren. Ich war außerstande, den Sturz aus der Fülle ins Leere, aus der Seligkeit ins Grauen gelassen hinzunehmen.«

Eigener Antrieb und Befehl
Jill erzählte: »Als ich neulich im Bus gefahren bin, hat eine noch ziemlich junge Frau neben mir gesessen. Da ist eine andere Frau mit einem Kind eingestiegen, und ich wollte gerade aufstehen und ihr meinen Platz anbieten. Aber da hat die Frau neben mir gesagt: ›Steh doch auf und laß die Dame sitzen!‹ Da bin ich eisern sitzen geblieben.«

Ausgleichende Gerechtigkeit

Sühne

Die Fische und die Fischer
Zu Mittag sollte es Kieler Sprotten geben. Bubi (3; 11), der sich nach dem Fang dieser Fische erkundigte, war empört über deren Schicksal und hegte Rachegelüste gegen die Fischer: »Das sind aber unatjen Männer, wenn se die amen Fischerle so tot machen – da hau ich se aber und zersäg se und schneid'n Kopp ab und de Brust und de Armen und zerstech'n de Augen und die Stückeln schmeiß ich ins Wasser, und da kommen die Swän und fressen se auf.«

Armer böser Hecht
Derselbe Junge bedauerte mit viereinhalb Jahren zutiefst den Hecht, den ein Mann geangelt hatte und ins Haus brachte. Von dem Augenblick an aber, wo im Hechtma-

gen ein kleiner Fisch gefunden wurde, war alles Mitleid mit dem Hecht vorbei. Das Kind bedauerte innig das kleine Fischlein. Es war ihm eine wahre Genugtuung, als dem Hecht die Kiemen entfernt wurden: »So, jetzt ist der häßli Fisch noch viel toter, immer mehr toter!«

Buße

Wie ich dir, so du mir
Ein Kind (ca. 5) stieß ein anderes ohne Absicht und hielt ihm dafür einen Finger hin, in den das andere beißen durfte.
Ein Kind schlug einem anderen eine Tüte mit harten Bonbons auf den Kopf, und weil es offenbar über Erwarten weh tat, schlug es sich die Tüte selbst auf den Kopf.

Buße tun, aber richtig!
Die Geschwister (7; 4 und 5; 8) rauften. Der Bruder tat der kleinen Schwester weh und wollte es gerecht ausgleichen, indem er (übertriebenerweise) behauptete, er hätte sich den Arm verrenkt. Die Schwester bemerkte die Übertreibung, aber auch die gute Absicht, und verlangte, er solle »richtig« weinen.

Kasteiung
Ein neunjähriges Dorfmädchen hatte sich während des Schulunterrichts einmal schlecht benommen, war gerügt worden und wirkte niedergeschlagen. Am nächsten Tag kam es angestrengt und hinkend zum Unterricht und sagte, es fühle sich nicht wohl. Auf Nachfragen der Lehrerin erklärte es: »Ich habe mich gestern so schlecht benommen, und darum habe ich heute morgen den rechten Schuh an meinen linken Fuß und den linken Schuh an meinen rechten Fuß angezogen.«

Opfer bringen
Aus der Erinnerung einer Erwachsenen: »Eine meiner am weitesten zurückliegenden Erinnerungen bezieht sich auf meine Mutter. Sie war schwer krank, seit Monaten im Bett, und ein Dienstbote hatte mir gesagt, sie würde

in wenigen Tagen sterben. Ich dürfte 4 oder 5 Jahre alt gewesen sein. Mein liebster Besitz war ein kleines braunes Holzpferd, das mit ›richtigen Haaren‹ bezogen war… In meinem Hirn keimte eine seltsame Idee: daß ich auf mein Pferdchen verzichten müsse, damit meine Mutter geheilt würde. Das Vorhaben ließ sich nicht auf einmal verwirklichen. Es fiel mir entsetzlich schwer. Zuerst warf ich das Zaumzeug und den Sattel ins Feuer, wobei ich mir dachte, ›wenn es nur sehr häßlich aussieht, darf ich es vielleicht behalten‹. Ich erinnere mich nicht genau, wie sich die Dinge weiter abgespielt haben; aber ich weiß noch, daß ich am Ende in großer Verzweiflung mein Pferdchen in Stücke geschnitten habe; als meine Mutter einige Tage später wieder aufstehen konnte, war ich lange davon überzeugt, mein Opfer habe sie auf geheimnisvolle Weise geheilt.«

Verteilung

Beseitigung des Zankapfels
Erna und Tata hatten drei Tassen zum Spielen. Um den Streit um die dritte Tasse zu beenden, beschlossen die Kinder: »Machen wir eine Tasse kaputt.«

Bißchen Geld für alle
Donna schickte dem lieben Gott in einem Briefumschlag einen Groschen und schrieb dazu: »Gib ihn einem Kind, das weniger Geld hat als ich!«

Ein Fünfjähriger, nach seinem Wunsch gefragt, wollte zehn Mark. Warum nicht mehr, wurde er gefragt. »Weil ich nicht das Geld der ganzen Welt will, weil dann die Leute keins mehr hätten.«

Das ganze Glück der Erde in Buden und Verstecken

Finstere Winkel
Bogumil Goltz erinnert sich: »Solche aus Stühlen erbaute, mit Tüchern und Bettdecken, am liebsten aber mit des Vaters altem Schlafpelz verhangene und nach Möglichkeit finster gemachte, in einem Winkel herge-

richtete Sitz-Buden waren für den Kindersinn die Pointe und das Grundbedingnis aller Spielglückseligkeit. Was mit Andacht und so recht mit Art vor sich gehen sollte, das mußte im verstecktesten und finstersten Winkel geschehen, außerdem war es profan und ganz uninteressant. Sollten Märchen erzählt, sollte traulich in Freud und Leid beisammengekauert, sollte ein Anschlag, ein grausamer Unsinn ersonnen, kurz, eine Genugtuung nach Herzenslust gewonnen werden, so mußte es im Winkel und in einer solchen vorbeschriebenen finstern Bude geschehen, denn sie sonderte das Heiligtum unseres Kinderhimmels auch räumlich von dem profanen und allgemeinen Raum, der Krethi und Plethi umfing und in welchem unter andern garstigen Dingen auch das Schulhaus vorhanden war.«

Die Wonne, gesucht und nicht gefunden zu werden

Theodor Fontane fragt, worin das Glück wurzle: Das »Herumklettern in dem in tiefem Schatten liegenden Sparrenwerk des Daches, auch wenn ich dabei hinter einem Rauchfang oder Lattenverschlag auf Augenblicke nach Schutz und Deckung suchen mußte, war kein eigentliches Versteckspiel, trotzdem etwas davon mir vorkam; eigentliches Versteckspiel, nach meiner damaligen Anschauung, war etwas viel Großartigeres, Poetisch-Phantastischeres und jedenfalls gleichbedeutend mit einem völligen stundenlangen Verschwinden, wozu der riesige Heuboden, den wir auf unserem Hofe hatten, eine nicht zu übertreffende Gelegenheit bot. Bis unter den First eines langen Stallgebäudes lag das Heu dicht aufgeschichtet, und in die tiefen und engen Löcher, die sich hier und da zwischen den Dachbalken und der Heumasse befanden, ließ ich mich leise hinabgleiten. Da saß ich denn endlos, unter beständigem Herzklopfen, vor Enge und Schwüle beinahe erstickend und immer nur durch die glückselige Vorstellung aufrechterhalten: ›Und wenn sie dich suchen bis an den Jüngsten Tag, sie finden dich nicht.‹ Und sie fanden mich auch wirklich nicht, gaben zuletzt alles Suchen auf, brachen das Spiel ab und gingen in die Küche, wo sie, Schemel und Fußbänke an den Herd rückend, unter Verwünschungen gegen mich ihr Vesperbrot verzehrten. Ich aber, wenn ich an dem

Stillwerden in Hof und Garten merkte, daß man die Jagd auf mich aufgegeben hatte, wand mich aus meinem Heuloche wieder heraus und erschien nun unter ihnen mit dem Ausdruck höchster Geringschätzung. Ich tue wieder die Frage: Worin wurzelt da das Glück?«

> Kinder sagen arglos die Wahrheit und halten uns einen Spiegel vor

Erinnern wir uns an das Märchen »Des Kaisers neue Kleider« von Hans Christian Andersen (1805–1875).
Da war ein Kaiser, der sehr viel auf schöne neue Kleider hielt. Eines Tages kamen zwei Betrüger in die Stadt und gaben sich als meisterhafte Weber aus. Mit ihrer Weberei habe es aber eine besondere Bewandtnis: Nur wer klug sei und für sein Amt tauge, könne sie sehen, nicht aber die Dummen und Untauglichen.
Das gefiel dem Kaiser. Denn außer prächtigen Gewändern wünschte er schon immer, die Klugen und Tauglichen von den Dummen und Untauglichen unterscheiden zu können. Also gab er den beiden Webern Geld, Gold und Seide, damit sie ihm zur anstehenden Prozession ein herrliches Festtagsgewand webten.
Die Betrüger webten voller Eifer an den Webstühlen nichts als Luft. Alle Minister, Kammerdiener und Gefolgsleute, die nach dem Fortgang der Arbeit sehen sollten, sahen nichts und waren zutiefst erschrocken. Aber sie beschrieben dem Kaiser das entstehende Werk in den leuchtendsten Farben.
Die großen Fertigkeiten der Weber sprachen sich in der Stadt herum. Der Festtag näherte sich – und auch der Kaiser erschrak schrecklich, als er das angeblich vollendete, allenthalben gerühmte Werk der Weber nicht erkennen konnte. Dennoch legte er seine alten Gewänder ab und ließ sich von den demütigen Meistern vor dem Spiegel neu einkleiden.
So schritt der Kaiser nackt unter einem prächtigen Baldachin auf der Prozession, und alle erwachsenen Menschen auf der Straße und an den Fenstern bewunderten des Kaisers herrliche neue Kleider.

»Aber er hat ja gar nichts an!« rief da ein kleines Kind. »Hört die Stimme der Unschuld!« sagte der Vater, und einer flüsterte es dem andern zu, was das Kind gesagt hatte. »Aber er hat ja wirklich nichts an!« rief zuletzt das ganze Volk.
Der Kaiser, den in seiner Nacktheit schon erbärmlich fror, hörte den Ruf, und es schien ihm nun selbst, als hätte er nichts an. »Ich muß aber noch aushalten«, dachte er, »die ganze Prozession hindurch!« Und dann hielt er sich noch stolzer, und die Kammerherren gingen und trugen die Schleppe, die gar nicht da war.

Erwachsen sein – reicht das denn?

Erwachsen, erwachsener...

Eine Leistung?
»Die Erwachsenen tun so, als wäre das eine große Leistung, erwachsen zu sein« (Holger, 12).

Oben ist Schluß
»Erwachsen ist man, wenn oben nichts mehr dazu kommt.«

»Ein Erwachsener kann nicht mehr höher, weil er oben Schluß gemacht hat« (Christof, 6).

Spaziergänger

Erwachsene Kinder
»Ein Erwachsener ist ein altes Kind« (Barbara, 9).

Theodor (5; 9): »Mami, ist Onkel Kurt erwachsen?«
Mutter: »Ja.«
T: »Aber du nicht?«
M: »Warum denn?«
T: »Ja, du hast doch noch eine Mami.«

Großeltern
»Am erwachsensten ist bei uns der Opa. Manchmal stöhnt er rum, weil er schon zu lange erwachsen ist« (Willi, 8).

»Großeltern sind genauso wie andere Menschen auch, sie sind nur ein bißchen älter. Höchstwahrscheinlich sind sie nicht mehr so aktiv. Sie haben nur noch Gefühle« (Ina).

Stein der Weisen?
Ein Mädchen von etwa vier Jahren bat die Mutter, einen großen Stein auf seinen Kopf zu legen, weil es nicht sterben wollte. Auf die Frage, was das bedeuten solle, erwiderte das Kind: »Weil ich nicht wachsen werde, wenn du einen großen Stein auf meinen Kopf legst, und die Leute, die wachsen, werden alt und sterben dann.«

Getrennte Welten

»Wenn ich der liebe Gott wäre, würde ich ein Kinderland und ein Land für die Erwachsenen machen« (Jane).

»Wenn ich der liebe Gott wäre, würde ich Menschen zu Stein werden lassen. Nicht Tiere und Kinder, nur Erwachsene. Dann haben Tiere und Kinder ihre Ruhe. Vielleicht gab's das schon mal. Viele Steine sehen aus wie Erwachsene.
Ich hab mal einen Stein gefunden, der sieht genauso aus wie ein Totenkopf, ehrlich« (Heike).

Die Würde der Erwachsenen
»Erwachsene haben nicht so viel Spaß im Leben wie wir. Sie glauben, scheint's, es wäre unter ihrer Würde, auf einen Baum zu klettern. Und meine Mutter setzt sich nicht auf den Schlitten, wenn es schneit. Ja, die armen Erwachsenen sind im Vergleich zu uns Kindern übel dran« (Paul, 10).

Steffi (9; 10) sagte, sie wolle »immer klein bleiben«. Warum? »Wenn man erwachsen ist, hat man keine Zeit mehr zum Spielen.« Auf den Einwand hin, daß man dann schon noch etwas Zeit dazu habe, sagte sie traurig: »Aber alle lachen, wenn man Gummihupfen will.«

Monotonie
»Wenn mein Vater redet, höre ich manchmal überhaupt nicht zu. Er sagt immer dasselbe« (Sofie).

»Sonntags rufen wir immer Oma und Opa an. Ich freue mich immer, wenn ich *an der Reihe bin, der zuerst sprechen darf. Doch sie stellen mir immer dieselben Fragen« (Laura).*

»Die Großen sind manchmal gräßlich langweilig. Wenn man seinen Vater etwas fragt, dann sagt er es einem und redet dann noch stundenlang immer weiter darüber« (John, 9).

»Mein Großvater gibt mir eine Menge guter Ratschläge. Doch an die meisten kann ich mich gar nicht erinnern, weil sie so langweilig sind« (Stephanie).

Abwechslung
»Das beste wäre, zwei Mütter zu haben. Dann muß nicht eine immer die ganze Verantwortung tragen, und die Kinder sehen öfter mal ein neues Gesicht« (Nina).

Erfülltes Leben?
»So mit neunundfünfzig oder fünfundsechzig« ist es, daß »man schon überall gewesen ist und nirgends mehr hingehen kann, wo man noch nicht gewesen ist« (Sarah, 8).

»Die Großeltern haben so viel erlebt, alles was man nur erleben kann, und deswegen haben die jetzt auch so viel Zeit« (Junge, 7).

»Mein Großvater erzählt dauernd vom Krieg. In Gefangenschaft war er beim Franzosen und hat nur noch 80 Pfund gewogen. Heute wiegt er 175 Pfund. Wenn Opa vom Krieg erzählt, schläft meine Oma ein, weil sie die Geschichten schon sehr oft gehört hat« (Christian, 13).

<u>Nachsicht mit den Erwachsenen!</u>

Die kleinen Schwächen der großen Leute

Die Wespentaille
Für Alexander Sutherland Neill und seinen Freund waren damals die Gottesdienste mit ihren Hymnen, Psalmen und endlosen Predigten schrecklich langweilig. »Der einzige Lichtblick in diesem düsteren Bild war die eng geschnürte Frau in der Bank vor uns. Sie büßte ihre Wespentaille mit inwendigem Gegurgel, und wir verkürzten uns die Zeit, die von der Predigt in Anspruch genommen wurde, indem wir die Intervalle zwischen den Gurglern stoppten. Während die Predigt sich weiter hinzog, stellten wir fest, daß wir genug damit zu tun hatten, ernst zu bleiben.«

Die Ziffernwesen
»Die großen Leute haben eine Vorliebe für Zahlen. Wenn ihr ihnen von einem neuen Freund erzählt, befragen sie euch nie über das Wesentliche. Sie fragen euch nie: Wie ist der Klang seiner Stimme? Welche Spiele liebt er am meisten? Sammelt er Schmetterlinge? Sie fragen euch: Wie alt ist er? Wieviel Brüder hat er? Wieviel wiegt er? Wieviel verdient sein Vater? Dann erst glauben sie, ihn zu kennen. Wenn ihr zu den großen Leuten sagt: Ich habe ein sehr schönes Haus mit roten Ziegeln gesehen, mit Geranien vor den Fenstern und Tauben auf dem Dach ... dann sind sie nicht imstande, sich dieses Haus vorzustellen. Man muß ihnen sagen: Ich habe ein Haus gesehen, das hunderttausend Franken wert ist. Dann schreien sie gleich: Ach, wie schön!« (Antoine de Saint-Exupéry, Der Kleine Prinz)

Kein Mitbestimmungsrecht
»Mammis und Papas kann man sich nicht aussuchen. Plötzlich sind sie da, und du mußt mit ihnen auskommen« (Thomas).

Streß
»Das ist vielleicht ein Krach bei uns daheim, wenn mein Vater eine Wut hat und meine Mutter und meine Schwester auch. Ich komme dann überhaupt nicht zu Wort, wenn sie alle zur gleichen Zeit reden und die Katze und der Hamster ihr Futter wollen und die Arbeit noch nicht getan ist« (Julia, 9).

Klatschbasen
»Manche Erwachsenen schwätzen zuviel, besonders Damen. Immer wenn wir es eilig haben, trifft meine Mutter unterwegs jemand, und fängt zu schwätzen an, bis wir zu spät kommen. Hoffentlich mache ich das nicht auch so, wenn ich mal groß bin« (Julie, 10).

»Die Erwachsenen reden zuviel. Wenn Besuch da ist, kommt man überhaupt nicht zu Wort, und ich kann sie gar nicht leiden, wenn sie solche Klatschbasen sind. Die Erwachsenen sind groß, und manchmal denk ich, die Damen sind zu dick« (Susan, 7).

Putzteufel
»Unsere Mutter ist gar zu genau. Bei uns muß immer alles wie geleckt sein. Wenn wir aus dem Haus gehen wollen, und sie sieht, daß ein Kissen verrutscht ist, geht sie noch einmal zurück und legt es gerade« (Christoph, 11).

»Wenn meine Oma zu uns kommt, dann fängt sie zuerst an zu putzen, auch da, wo schon alles sauber ist« (Bianca).

Die Tu-Fee
Die Fee im Theaterstück war prächtig angezogen und trug eine erleuchtete Krone auf dem Kopf, doch sie agierte geziert und sprach unnatürlich. Der Sechsjährige meinte nachher: »Die war doch so getan, das war doch nur eine Tu-Fee.«

Der alte Großvater und der Enkel
(Ein Märchen der Gebrüder Grimm)
Es war einmal ein steinalter Mann, dem waren die Ohren taub, und die Knie zitterten ihm. Wenn er nun bei Tische saß und den Löffel kaum halten konnte, schüttete er Suppe auf das Tischtuch, und es floß ihm auch etwas wieder aus dem Mund. Sein Sohn und dessen Frau ekelten sich davor, und deswegen mußte sich der alte Großvater endlich hinter den Ofen in die Ecke setzen, und sie gaben ihm sein Essen in ein irdenes Schüsselchen und noch dazu nicht einmal satt; da sah er betrübt nach dem Tisch, und die Augen wurden ihm naß. Einmal auch konnten seine zittrigen Hände das Schüsselchen nicht festhalten, es fiel zur Erde und zerbrach. Die junge Frau schalt, er sagte aber nichts und seufzte nur. Da kaufte sie ihm ein hölzernes Schüsselchen für ein paar Heller, daraus mußte er nun essen. Wie sie da so sitzen, so trägt der kleine Enkel von vier Jahren auf der Erde kleine Brettlein zusammen. »Was machst du da?« fragte der Vater. »Ich mache ein Tröglein«, antwortete das Kind, »daraus sollen Vater und Mutter essen, wenn ich groß bin.« Da sahen sich Mann und Frau eine Weile an, fingen endlich an zu weinen, holten alsofort den alten Großvater an den Tisch und ließen ihn von nun an immer mitessen, sagten auch nichts, wenn er ein wenig verschüttete.

Hellsichtigkeit
Manch eine Mutter hat schon die peinliche Situation erlebt, daß ihr Kind spürt und laut ausspricht, was sie selbst über andere Leute nur »denkt« und keinesfalls zeigen möchte – zum Beispiel, daß die Schwiegermutter derzeit eigentlich nicht willkommen ist.

Wie die Alten sungen …
Der Dreijährige saß mit Erfolg auf dem Topf, lobte sich selbst »toll, toll!« und sagte langgezogen: »Vielen Dank«.

Bei der Diskussionsrunde war öfter das Wort »differenziert« gefallen. Nachdem alle gegangen waren, schritt der Junge (6; 6) am leeren Tisch auf und ab und murmelte mit bedeutsamem Diskussionsgesicht: »Nämlich wenn – ja, purtizitiert, ja, purtizitiert!«

In Vaters Namen
Der Vater wollte endlich Ruhe bei Tisch und schaute streng und ärgerlich umher. Die Tochter (4; 7) sah ihn milde und verschmitzt an und gab in seinem Namen von sich: »Ich versteh die Welt nicht mehr!«

Rückfragen
Eine Beobachtung in Gasthäusern: Wenn die Kinder nach dem Essen ein wenig herumwandern, werden sie nicht selten von Leuten an Nebentischen – mit freundlichem Seitenblick auf die Eltern – angesprochen: »Wie heißt du denn? Wie alt bist du?« Nach der Antwort kommt die Rückfrage der Kinder: »Und wie heißt du? Wie alt bist du?« Des öfteren folgen ein leicht verlegenes Lachen – und keine Antwort, oder eine Antwort mit gesenkter Stimme derart, daß nur die Kinder sie hören.

Besitzerrechte
Ein Junge behandelte sein kleines Brüderchen sehr unsanft. Der Kleine schrie wie am Spieß. Die Mutter wies den Älteren zurecht. Dieser fragte trotzig: »Ist es nicht mein *Bruder?« Die Mutter bejahte. »Und ihr habt gesagt, mit meinen Sachen kann ich tun, was ich will.«*

Wie gleichberechtigt sind Vater und Mutter?

Vom Wert des Weibes
»Eine Mutter ist eine Frau, die sich um einen Mann vermehrt hat« (Birgit).

Die Größe
Ein Junge (3; 9) spielte, er sei groß geworden: »Siehste, Mama, ich bin doch dein kleiner Junge gewesen und dann bin ich ein Herr gewachsen – und Mama, du bist doch jetzt eine Dame und wennste groß wirst, dann wachste bis ein Herr.«

Wer weiß alles?
»Wenn wir etwas wissen wollen, gehen wir zum Vater. Er weiß es meistens auch nicht richtig, sagt aber immer, wir sollen ihn ruhig alles fragen.
Ich glaube, Mutter weiß besser Bescheid, aber ihm ist das peinlich« (Friederike).

Kluge und andere Mütter
»Die meisten Mütter sitzen morgens immer zu Hause herum. Aber meine Mutter ist dafür viel zu klug, die geht arbeiten« (Steffen).

Vom Nutzen des Glaubens

Widersprüchliches
Anton Reiser beobachtete seine gottesfürchtige Mutter: »Zog gar ein Gewitter herauf, so mußte die Sache kniend abgemacht werden, und zwar mit so zaghafter Furcht vor den Donnerschlägen, daß ich schon damals in meiner Kindereinfalt fragte:
›Aber, liebe Mutter, wenn du meinst, daß dir das Beten hilft, warum fürchtest du dich dabei – und wenn du meinst, daß es nicht hilft, warum betest du dann?‹«

Schlechtere und bessere Plätze im Himmel?
»Oma und Opa gehen sehr oft zur Kirche und beten, daß sie möglichst hoch in den Himmel kommen« (Oliver, 14).

»Meine Großmutter beichtet jede Woche, obwohl sie überhaupt keine Sünden tut« (Lydia, 11).

Solidarität der Sünder
Der Vierjährige war frech und ungezogen. Von seiner älteren Schwester darauf hingewiesen, daß er so nicht in den Himmel komme, antwortete er: »Meinetwegen, der Onkel Herbert kommt auch nicht hinein – ich werde bei ihm bleiben.«

Das arbeitslose Christkind
Ein Junge sah Luftballons, die Kindern entwischt waren, in den Himmel steigen, und meinte, das Christkind könnte sie doch einfangen und zurückbringen, da es nach Weihnachten sowieso nichts zu tun habe.

Die Erziehungsmaschine
In einer Mischung aus Erheiterung und Betroffenheit sahen die Eltern dem Spiel ihrer Kinder zu: Der Junge (10; 4) hatte eine »Erziehungsmaschine«, gespielt von der Schwester (8; 9), erfunden, die bei allem, was er sagte oder tat, schrie: »Hör auf mit deinem…!« Die Maschine mußte immer wieder umständlich repariert werden, wenn sie zu schnell, zu langsam, zu leise oder zu unregelmäßig lief.

Die brüchige Logik
Der Junge (ca. 4) wurde ermuntert, tüchtig zu essen, damit er »so groß wie der Papa« werde. Da wandte sich das Kind zum Vater und fragte: »Warum ißt eigentlich du?«

Als Gäste anwesend waren, wurde das Mädchen (ca. 4) angehalten, bei Tisch still zu sein. »Warum darf ich nicht reden, Papa redet auch?« Die Antwort der Mutter: »Papa ist erwachsen, und du bist ein kleines Mädchen.« Später sagte die Mutter zum Kind, es solle sich so schön und gerade hinsetzen, wie die Erwachsenen es tun. Das Kind: »Ich kann nicht wie Erwachsene sitzen, ich bin nur ein kleines Mädchen.«

Beim Wort nehmen
Der Vater versprach: »Ich komme gleich.« Nach kurzer Zeit stürzte die Tochter (5; 8) in sein Zimmer und rief entrüstet: »Jetzt ist das Gleich schon lang vorbei!«

Gewissen oder Außenlenkung?
»Lieber Gott, was für einen Zweck hat es, brav zu sein, wenn es niemand sieht?« (Markus)

Weihnachten ist vorzuverlegen
»Lieber Gott, Weihnachten sollte früher sein, denn so lange können Kinder wirklich nicht brav sein« (Heike).

Die Ohrfeige
»Einmal habe ich etwas ausgefressen, da hat mir mein Vater eine runtergehauen. Dann hat er mich gefragt:

›Weißt du, warum du eine gekriegt hast?‹
Das finde ich ungerecht, denn warum haut er mir eine, wenn er nicht mal weiß wieso?« (Gunnar)

Information erbeten
»Lieber Gott! Meine Mutter sagt immer: Der liebe Gott, der weiß genau, was du wieder angestellt hast. Willst du es mir nicht auch lieber sagen?«

Guter Kern und weiche Stellen
»Mein Bruder ist ein Halbstarker, ein gräßlicher Kerl, aber meine Mutti sagt immer, er hätte seine weiche Stelle, nur kann sie sie nicht finden (...)
Ich habe einen guten Kern, er kommt nur nicht zum Vorschein« (Susan, 10).

Wer darf die Wahrheit sagen?
»Meine Mutter hat zu meinem Vater mal gesagt: ›Du hast ein Pfannekuchengesicht‹, weil er immer so viel ißt. Wir dürfen das aber nicht sagen, sonst flippt er aus« (Klaus).

Wer hat Erholung nötig?
»In den Ferien spielt mein Vater mehrere Stunden mit uns, dann will er alles nachholen. Deswegen sind Ferien sehr anstrengend« (Bjorn).

Waisenkinder – Waisenenkel
»Wenn es in der Familie eine Scheidung gibt, warum wird man dann auch von seiner Oma und seinem Opa geschieden? Sie haben doch nichts getan« (Rainer).

Kinder, Hunde und Menschen
Wenn es nach Marianne ginge, »dann müßte jeder Erwachsene mit Kindern reden so wie mit einem Menschen oder mit einem Hund.
Unsere Nachbarin, die schimpft nur mit uns Kindern. Aber ihr Hund! *Also wie die mit dem redet, sogar* Regenschuhe *hat der!«*

Schlußbemerkung

»Nein, ich verstehe Sie nicht«, sagte ein Kind zu einem Erwachsenen, »denn ich bin niemals erwachsen gewesen.« Wir Erwachsenen waren alle mal Kinder – und verstehen sie dennoch oft nicht ganz. Wir sind heutzutage gewohnt, die Lebensäußerungen und schöpferischen Leistungen von Kindern unter zwei Blickpunkten abzuwägen – dem entwicklungspsychologischen (»Wie ist der Entwicklungsstand«) und dem pädagogischen (»Wie kann dem Kind das Richtige beigebracht werden?«). Wir sind aber nicht gewohnt, nach dem möglichen Wert kindlicher Äußerungen für *uns* zu fragen.

Vielleicht konnte die Sammlung kindlicher Äußerungen zu der Erkenntnis beitragen, daß es lohnend ist, den Umgang mit Kindern zu suchen, ihnen immer wieder mal (ohne pädagogische Hintergedanken) zuzuhören und zuzusehen. Enttäuscht freilich würde derjenige, der nun meinte, die Kinder würden ununterbrochen kreative, phantasievolle Dinge von sich geben. Im Gegenteil: Das meiste, was Kinder (und Erwachsene) äußern, ist in dieser Hinsicht belanglos. Es gehören wohl Geduld, Zurückhaltung und eine gewisse Hellhörigkeit dazu, um die bedenkenswerten oder rührenden Äußerungen unter den vielen anderen herauszufinden. *Welche* es sind – da gibt es sicher unterschiedliche Einschätzungen.

Eine Auseinandersetzung mit der Kinderart kann zur Erweiterung und Abrundung der Denkungs- und Lebensart von Erwachsenen beitragen. In Begleitung von Kindern werden wir vielleicht eher zu ganzen Menschen.

Literaturverzeichnis

Erika Ahlbrecht-Meditz: Tobias. Ansichten meines Sohnes. Zürich 1979

Ingeborg Bachmann: Jugend in einer österreichischen Stadt. Werke. München 1978

Alfred Bareis: Vom Kritzeln zum Zeichnen und Malen. Donauwörth 1972

Jean-Louis Barrault: Erinnerungen für morgen. Frankfurt/M. 1973

Simone de Beauvoir: Memoiren einer Tochter aus gutem Hause. Reinbek 1960

Antoinette Becker: Vorstellungen von Kindern über Gott. In: Dieterich/Stolzmann 1982

Walter Benjamin: Berliner Kindheit um Neunzehnhundert. Frankfurt/M. 1950

Ernst Bloch: Das Prinzip Hoffnung. Frankfurt/M. 1977

Edward de Bono: Kinderlogik löst Probleme. Bern/München/Wien 1973

Ernest Bornemann: Die Umwelt des Kindes im Spiegel seiner »verbotenen« Lieder, Reime, Verse und Rätsel. Olten/Freiburg 1974

Bertolt Brecht: Geschichten von Herrn Keuner. Gesammelte Werke Bd. 12. Frankfurt/M. 1967

Hansjürgen Bulkowski: Das ist ein Mensch. Eine Sammlung schriftlicher Äußerungen von Kindern. Wuppertal 1974

Hans Carossa: Eine Kindheit. Frankfurt/M. o. J.

Giacomo Casanova: Die Geschichte meines Lebens. In: Voß 1979

Charles Chaplin: Die Geschichte meines Lebens. Frankfurt/M. 1964

François René de Chateaubriand: Erinnerungen. In: Voß 1979

Edith Cobb: The Ecology of Imagination in Childhood. London 1977

Jane Deverson: Kinder, Kinder. Kinder sagen ihre Meinung. Stuttgart 1969

Eberhard Dieterich, Klaus Stolzmann (Hg.): Wachsen wie ein Baum. Neues vom Arbeitsfeld Kinderkirche. Stuttgart 1982

Martin Doehlemann: Von Kindern lernen. Zur Position des Kindes in der Welt der Erwachsenen. München 1979

Paul Elbogen: Genius im Werden. Die Jugend großer Menschen. Gütersloh o. J.

Zeitschrift »Eltern«

Nr. 10/1971 Gottesvorstellungen von Kindern

Nr. 4/1982 »Erwachsen ist man, wenn oben nichts mehr dazu kommt«
Nr. 8/1982 Was bedeutet Gott für Dich?
Adolf Ermann: Mein Werden und mein Wirken. Erinnerungen eines alten Berliner Gelehrten. In: Hardach-Pinke/Hardach 1978
Max Ernst: Die Frottage – Geschichte einer Naturgeschichte. In: Walter Hess (Hg.): Dokumente zum Verständnis der modernen Malerei. Hamburg 1956
Theodor Fontane: Meine Kinderjahre. Frankfurt/M. o. J.
Friedrich de la Motte Fouqué: Eines deutschen Schriftstellers Halbjahrhundert. In: Hirsch 1982
Fynn: Hallo, Mister Gott, hier spricht Anna. Frankfurt/M. 1978
Otto F. Gmelin: Mama ist ein Elefant. Eltern entdecken eine neue Sprache: Die Symbolwelt der Kinderzeichnungen. Stuttgart 1978
Bogumil Goltz: Ein Weihnachten und eine Muschelfarbenillumination. In: Hirsch 1982
Jacob Grimm: Jugenderinnerungen. In: Elbogen o. J.
Wolfgang Grözinger: Kinder kritzeln, zeichnen, malen. München ^{2}1961
Wolfgang Grünberg: Die Kinder und die Gottesdienste in der Gemeinde. In: Dieterich/Stolzmann 1982
Karl Gutzkow: Frühe Dämmerungen. In: Hirsch 1982
Heike Hagenmeier (Hg.): Wenn ich der liebe Gott wäre... Kinderantworten. Gütersloh 1981
Peter Handke: Die Geschichte des Bleistifts. Salzburg/Wien 1982
Wilhelm Hansen: Die Entwicklung des kindlichen Weltbildes. München ^{5}1960
Irene Hardach-Pinke, Gerd Hardach (Hg.): Deutsche Kindheiten 1700–1900. Kronberg 1978
Ludwig Harig (Hg.): Ich nehme an, daß mein Vater sagt. Aufsätze von Volksschülern. München 1971
Friedrich Hebbel: Aufzeichnungen aus meinem Leben. In: Hirsch 1982
Alice Herdan-Zuckmayer: Das Kästchen. Frankfurt/M. 1966
Peter Hille: Kinderliebe. In: Hirsch 1982
Helmut Hirsch (Hg.): Über Tisch und Bänke. Erzählte Kindheit. Darmstadt/Neuwied 1982
Karl v. Holtei: Abenteuer meiner Jugendzeit. In: Hirsch 1982
Peter Huchel: Die Sternenreuse. Gedichte. München 1973
Erna Maria Johansen: Betrogene Kinder. Eine Sozialgeschichte der Kindheit. Frankfurt/M. 1978
Klaus Jöhnk (Hg.): Lieber Vater, liebe Mutter. Kinder über ihre Eltern. Gütersloh 1982
Erich Kästner: Ansprache zu Schulbeginn. In: Das Erich Kästner Lesebuch, hg. von Christian Strich. Zürich 1978
David Katz, Rosa Katz: Gespräche mit Kindern. Berlin 1928

Agathon Keber: Zur Philosophie der Kindersprache. Halle/Saale 1868
Gottfried Keller: Der Grüne Heinrich. Zürich 1978
Diana Kempff: Fettfleck. Roman. Salzburg/Wien 1979
Harry Graf Kessler: Gesichter und Zeiten. Frankfurt/M. 1962
Kinder-Kunst. Zusammengestellt von Rafael und Alla Goldin. SOS-Kinderdorf International 1981
Paul Klee: Tagebücher 1898–1918. Köln 1957
Johanna Klink: Kinder und ihre Fragen ernst nehmen. In: Dieterich/Stolzmann 1982
Karl Friedrich v. Klöden: Jugenderinnerungen. In: Hardach-Pinke/Hardach 1978
K. H. Kramberg (Hg.): Kindersachen. Lesebuch aus deutscher Sprache. München 1981
Lothar Krappmann: Die Bedeutung der schöpferischen Kräfte für die Entwicklung des Kindes. In: F. Boll, H. Mörsberger (Hg.): Das schöpferische Kind. München 1981
Wilhelm v. Kügelgen: Jugenderinnerungen eines alten Mannes. In: Hardach-Pinke/Hardach 1978
Isolde Kurz: Aus meinem Jugendland. Stuttgart/Berlin 1918
Ronald D. Laing: Gespräche mit meinen Kindern. Köln 1980
Theamaria Lenz: Kinder dichten. Wiesbaden 1958
Theodor Lessing: Einmal und nie wieder. Lebenserinnerungen. Gütersloh 1969
Fanny Lewald: Im Vaterhause. In: Hardach-Pinke/Hardach 1978
Mechtilde Lichnowsky: Kindheit. München ^{4}1979
Gustav Lindner: Aus dem Naturgarten der Kindersprache. Leipzig 1898
Thomas Mann: Kinderspiele. Gesammelte Werke. Frankfurt/M.
Eric Marshall, Naomi Cohen Hample (Hg.): Liebe Oma, lieber Opa. Kinder über ihre Großeltern. Gütersloh 1980
Eric Marshall, Stuart Hample (Hg.): Kinderbriefe an den lieben Gott. Gütersloh ^{9}1983
Eric Marshall, Stuart Hample (Hg.): Neue Kinderbriefe an den lieben Gott, Gütersloh 1976
Hans Meyers: Stilkunde der naiven Kunst. Frankfurt/M. ^{2}1962
Karl Philipp Moritz: Anton Reiser. In: Hirsch 1982
Alexander Sutherland Neill: Neill, Neill, Birnenstiel! Reinbek 1973
Jean Paul: Selbsterlebensbeschreibung. Ein Fragment. Stuttgart o.J.
Jean Piaget: Das Weltbild des Kindes. Frankfurt/M./Berlin/Wien 1980
Robert Poulet: Wider die Jugend. Frankfurt/M./Berlin/Wien 1982
Wilhelm Preyer: Die Seele des Kindes. Leipzig ^{8}1912
Gabriele Reuter: Vom Kinde zum Menschen. Die Geschichte meiner Jugend. Berlin 1921

Luise Rinser: Schaufel und Besen. In: Weihnachts-Triptychon. Zürich 1963
Antoine de Saint-Exupéry: Der Kleine Prinz. Düsseldorf 1950
Jean-Paul Sartre: Die Wörter. Reinbek 1965
Ernst und Gertrud Scupin: Bubi im vierten bis sechsten Lebensjahre. Leipzig 1910
Gertrud Scupin: Lebensbild eines deutschen Schuljungen. Tagebuch einer Mutter. Leipzig 1931
Rudolf Seitz: Zeichnen und Malen mit Kindern. München 1980
Misia Sert: Pariser Erinnerungen. Frankfurt/M. 1971
Jitka Skupy-Pesek (Hg.): Kinder sind Stimme des Volkes. Augsburg 1982
Arno Stern: Die Expression. Zürich/Stuttgart 1978
Clara und William Stern: Die Kindersprache. Leipzig [4]1928
William Stern: Psychologie der frühen Kindheit. Leipzig [6]1930
Adalbert Stifter: Der Heideknabe. In: Hirsch 1982
Theodor Storm: Von Kindern und Katzen und wie sie die Nine begruben. In: Hirsch 1982
James Sully: Untersuchungen über die Kindheit. Bamberg [3]1909
Ernst Toller: Eine Jugend in Deutschland. Gesammelte Werke. München 1978
Leo Nikolajewitsch Tolstoi: Jugenderinnerungen.
Friedrich Tomberg: Autonomie und Engagement. Thesen zur Kunst in unserer Gesellschaft. In: Manfred Bosch (Hg.): Kulturarbeit. Frankfurt/M. 1977
K. Tschukowski: Kinder von 2 bis 6. Berlin (Ost) o.J. (1966)
Ursula Voß (Hg.): Kindheiten – gesammelt aus Lebensberichten. München 1979
Martin Wagenschein, Agnes Banholzer, Siegfried Thiel: Kinder auf dem Wege zur Physik. Stuttgart 1973
Richard Wagner: Mein Leben. München 1915
Robert Walser: Das Lachen. Das Gesamtwerk. Frankfurt/M. 1978
Ingeborg Weber-Kellermann: Die Kindheit. Eine Kulturgeschichte. Frankfurt/M. 1979
Heinz Werner: Einführung in die Entwicklungspsychologie. München [4]1970
Heidi und Jörg Zink: Kriegt ein Hund im Himmel Flügel? Religiöse Fragen bei der Erziehung in den ersten sechs Lebensjahren. Stein/Nürnberg 1972
Heinrich Zschokke: Ein verwaistes Kind. In: Hirsch 1982

Bitte umblättern:

auf den nächsten Seiten informieren wir Sie über weitere interessante Fischer Taschenbücher.

Geist und Psyche
Begründet von Nina Kindler 1964

Ratgeber

Gordon W. Allport
Werden der Persönlichkeit
Band 42127

Robert Bossard
Traumpsychologie
Band 42259

Leon Chertok
Hypnose
Band 42102

Leon Chertok/
Dietrich Langen
Psychosomatik der Geburtshilfe
Band 42230

Maurice Dongier
Neurosen
Band 42241

Hans Driesch
Parapsychologie
Band 42030

John Eccles/Hans Zeier
Gehirn und Geist
Band 42225

Lili Fleck
Weiblicher Orgasmus
Band 42170

Viktor E. Frankl
Ärztliche Seelsorge
Band 42157

Anna Freud
Einführung in die Technik der Kinderanalyse
Band 42111

Gesellschaft
für wissenschaftliche
Gesprächstherapie
Die klientenzentrierte Gesprächspsychotherapie
Band 42149

Fischer Taschenbuch Verlag

fi 356/1a

Geist und Psyche

Begründet von Nina Kindler 1964

Ratgeber

Herbert Goetze/
Wolfgang Jaede
Nicht direktive Spieltherapie
Bd. 42262

Leon Grinberg/Marie Langer/Emilio Rodrigue
Psychoanalytische Gruppentherapie
Band 42094

Werner W. Kemper
Der Traum und seine Be-Deutung
Band 42184

Peter Kutter
Psychiatrie
Band 42188

Ann F. Neel
Handbuch der psychologischen Theorien
Band 42251

Erving und Miriam Polster
Gestalttherapie
Band 42150

Josef Rattner
Die Individualpsychologie Alfred Adlers
Band 42071

Carl R. Rogers
Encounter-Gruppen
Band 42260
Therapeut und Klient
Band 42250

Driek van der Sterren
Pränatale Psychologie
Band 42123

Daniel Widlöcher
Was eine Kinderzeichnung verrät
Band 42254

Eckart Wiesenhütter
Traumseminar
Band 42152

Fischer Taschenbuch Verlag

fi 356/1b

Geist und Psyche
Begründet von Nina Kindler 1964

Psychoanalyse

Hilda Abraham
Karl Abraham
Band 42213

J. Cremerius/Sven O. Hoffmann/W. Trimborn
Psychoanalyse, Über-Ich und soziale Schicht
Band 42206

Kurt R. Eissler
Todestrieb, Ambivalenz, Narzißmus
Band 42208

Sándor Ferenczi
Zur Erkenntnis des Unbewußten
und andere Schriften zur Psychoanalyse
Band 42194

Anna Freud
Das Ich und die Abwehrmechanismen
Band 42001
Einführung in die Technik der Kinderanalyse
Band 42111

Sigmund Freud
Hemmung, Symptom und Angst
Band 42196

Leon Grinberg/Marie Langer/Emilio Rodriguez
Psychoanalytische Gruppentherapie
Band 42094

Georg Groddeck
Der Mensch als Symbol
Band 42174
Verdrängen und heilen
Band 42140

Georg Groddeck/Sigmund Freud
Briefe über das Es
Band 42117

Institutsgruppe Psychologie der Universität Salzburg (Hg.). **Jenseits der Couch**
Psychoanalyse und Sozialkritik
Band 42264

Fischer Taschenbuch Verlag

fi 350/1a

Geist und Psyche

Begründet von Nina Kindler 1964

Psychoanalyse

Werner W. Kemper
Der Traum und seine Be-Deutung
Band 42184

Melanie Klein
Ein Kind entwickelt sich
Band 42222
Psychoanalyse des Kindes
Band 42109

Peter Kutter
Psychoanalyse in der Bewährung
Methode, Theorie und Anwendung
Band 42263

Peter Kutter/Jörg K. Roth
Psychoanalyse an der Universität
Band 42228

Stavros Mentzos
Neurotische Konfliktverarbeitung
Band 42239
Hysterie
Band 42212

Theodor Reik
Die verschlungenen Wege des Selbst
Band 42235

D. W. Winnicott
Von der Kinderheilkunde zur Psychoanalyse
Band 42249
Reifungsprozesse und fördernde Umwelt
Studien zur Theorie der emotionalen Entwicklung
Band 42255
Familie und individuelle Entwicklung
Band 42261

Fischer Taschenbuch Verlag

fi 350/1b

Geist und Psyche

Begründet von Nina Kindler 1964

John Bowlby

Der heute über 70jährige Psychologe John Bowlby hat 1980 eines der anspruchsvollsten wissenschaftlichen Projekte der letzten 15 Jahre realisiert: Er hat den Entwurf einer vollständigen Theorie der Persönlichkeitsentwicklung beendet. Bowlby hat mit seiner Arbeit nicht nur die Erziehungsarbeit mit normalen Kindern, sondern vor allem auch die Behandlung gestörter Kinder wesentlich beeinflußt. Sein Gedankengut ist so allgemein geworden, daß man darüber den Urheber, John Bowlby, fast vergessen hat.

Bindung
Band 42210

John Bowlby untersucht in diesem Band die Mutter-Kind-Beziehung bzw. die Trennung des Kindes im Alter von sechs Monaten bis zu drei Jahren. Das Bemerkenswerte daran ist, daß Bowlby eine Verbindung herstellt zwischen der psychoanalytischen Theorie und der Verhaltensforschung.

Trennung
Band 42171

In diesem Band beschreibt John Bowlby die Trennung von Mutter und Kleinkind, die Trennungsangst, den Trennungsschmerz und die dadurch verursachten psychischen Schäden.

Verlust, Trauer und Depression
Band 42243

Der Verlust eines geliebten Menschen ist stets ein schmerzliches Ereignis, das nicht selten zu langdauernden emotionalen Störungen, vor allem zu Angst und Depression führt. Bowlby ist neben seinen Pionierarbeiten über die Auswirkungen fehlender mütterlicher Zuwendung auf das Kind auch für seine kühnen Neuformulierungen der psychoanalytischen Theorie bekannt.